Ein kulinarisches Rendezvous mit der

Pfalz

Nikol

Renate Sommer

Ein kulinarisches Rendezvous mit Pfalz

Nikol

Nikol Verlagsgesellschaft mbH & Co. KG
Hamburg

www.nikol-verlag.de

Ein kulinarisches Rendezvous mit der Pfalz

Sonderausgabe 2003 für
Nikol Verlagsgesellschaft mbH & Co. KG, Hamburg
www.nikol-verlag.de

Mit freundlicher Genehmigung des Originalverlages

MIRA Verlag GmbH & Co. KG,
Marcalistraße 30, 74653 Künzelsau

Umschlaggestaltung: Callena Creativ GmbH, www.callena.de

Druck: Graspo

Printed in the Czech Republic

ISBN 3-933203-70-8

Inhalt

Paradiesgarten Pfalz

Als der liebe Gott nach sieben arbeitsreichen Tagen endlich die Welt erschaffen hatte, lehnte er sich zurück und schaute wohlgefällig auf sein Werk. Und er sah, dass ihm an einer Stelle auf der Erde ein ganz besonders schönes Fleckchen gelungen war, und er nannte es das Paradies. Das war genau dort, wo sich heute die Pfalz befindet. Der pfälzische Heimatdichter Paul Münch hat lange nachgeforscht, um dies schließlich zweifelsfrei herauszufinden. 1909 verfasste er sein Gedicht von der pfälzischen Weltgeschichte:

»Ei jo! De liewe Gott, der lacht
noch heit, wenn er sei Palz betracht,
denn vun de Schöpfungssache all
is die am beschte ausgefall.«

Ja, mehr noch – Paul Münch hat auch herausgefunden, dass die Weltachse, also die Achse, um die sich die ganze Erde dreht, mitten durch die Pfalz geht. Damit auch alles auf diesem Planeten rund läuft, schmieren die zuverlässigen Pfälzer die Achse stets sorgfältig:

»Do werd die Weltachs ingeschmeert
un ufgebasst, dass nix passeert,
was in de Weltelaaf am End
e kleeni Steerung bringe kennt.«

Andererseits ist aber nur von Bedeutung, was sich in der Pfalz ereignet, denn

»Was nit in de Palz passeert,
is Newesach un hat kee Wert.«

Die Pfälzer fabulieren, fantasieren, dichten, singen und feiern gern. Immer wieder stürmen ihre Fassenachtslieder die Hitparaden, wobei wir großzügig darüber hinwegsehen wollen, wenn ein solcher Song einmal aus Mainz kommt, das ja

Max Slevogt: »An der Mauer – im Garten von Neukastel«

nicht mehr in der Pfalz liegt. Aber es muss schon etwas Wahres dran sein, dass der liebe Gott bei der Erschaffung der Pfalz seine Hand im Spiel hatte. Wie sonst wäre es zu erklären, dass die ständigen Wettertiefs, die der Atlantik über Frankreich nach Deutschland schickt und die manchmal ganz schön an den Nerven der Einwohner zerren, so oft einen Bogen um die Pfalz machen, genauer gesagt, um die Vorderpfalz mit der Deutschen Weinstraße. Hier ist es sonniger, trockener, wärmer und fruchtbarer wie in den meisten anderen deutschen Regionen.

Wenn andernorts noch der Winter mit Eis, Schnee und Regen auf Stimmung und Schirme drückt, verzaubern an der Südlichen Weinstraße schon Tausende von blühenden Mandelbäumen

Der Slevogthof unterhalb der Burgruine Neukastel bei Leinsweiler. Hier lebte der Maler Max Slevogt von 1912 bis zu seinem Tod im Jahr 1932

Blühende Mandelbäume an der Südlichen Weinstraße. Im Hintergrund der Ort Birkweiler, westlich von Landau gelegen

Im milden Klima der Vorderpfalz reifen Mandeln, Esskastanien, Feigen und Zitronen

Landschaft und Gemüt. Die Meteorologen könnten es wahrscheinlich wissenschaftlich erklären, aber die Pfälzer wollen es gar nicht hören. Ihnen genügt es, dass es so ist, dass rund 1800 Sonnenstunden ein fast mediterranes Flair schaffen und Mandeln, Zitronen, Feigen, Kiwis und Esskastanien reifen lassen, dass die Pfalz das ertragreichste Weinanbaugebiet Deutschlands ist, dass hier das meiste Gemüse wächst und Obst aller Art in Hülle und Fülle gedeiht. »Wenn man einen Besenstiel im Herbst in den Boden der Südpfalz steckt, blüht er im nächsten Frühjahr auf und trägt Früchte«, ist eine gern zitierte Redensart.

Die deutsche Toskana nennt man die Pfalz, »le beau jardin du Bon Dieu«, schmeicheln die Franzosen. Ludwig I. von Bayern bezeichnete die Umgebung von Edenkoben als »die schönste Quadratmeile meines Königreichs«. Er ließ dort um 1850 inmitten von Wald und Rebhängen die Villa Ludwigshöhe im römischen Stil errichten. Auf eine Gartenanlage verzichtete er, die natürliche Umgebung schien ihm allemal schöner, als die künstlichen Anlagen der Landschaftsarchitekten. Villa Ludwigshöhe sollte dem König als Sommerresidenz dienen. Wegen seiner Affäre mit der Tänzerin Lola Montez musste er jedoch seine königlichen Geschäfte 1848 an den Nagel hängen. Er lebte nach Fertigstellung der Villa als Pensionär auf Ludwigshöhe. Ludwig I. förderte auch den Anbau von Esskastanien, die sich bald über die ganze Vorderpfalz ausbreiteten und einst wie heute eine beliebte Beigabe zum neuen Wein sind.

Heute befindet sich in den repräsentativen

Villa Ludwigshöhe in den Weinbergen oberhalb von Edenkoben. Erbaut zwischen 1846 und 1852 von dem Architekten Friedrich Wilhelm von Gärtner

Speisesaal der Villa Ludwigshöhe

Eine der wenigen noch bewohnbaren Burgen des Pfälzer Waldes ist Berwartstein, westlich von Bad Bergzabern gelegen. Die Anlage stammt aus dem 12. Jahrhundert und wurde Ende des 19. Jahrhunderts neu aufgebaut

Im wildromantischen Dahner Felsenland bei Lauterschwan

Räumen des Königsbaus auf Ludwigshöhe eine beeindruckende Sammlung des Malers Max Slevogt (1868–1932). Er war einer der großen Impressionisten Deutschlands. Der im bayerischen Landshut geborene Slevogt porträtierte die Landschaft seiner Wahlheimat Pfalz, ihre Burgen, die Weinlese in kräftig-roten, blau-grauen, saftig-grünen Farben und schuf damit herrliche Momentaufnahmen, Jahreszeiten und Stimmungen widerspiegelnd.

Dass in einer solchen Landschaft und in einem solchen Klima eine lebensfrohe, herzhaft-heitere Mentalität entsteht, versteht sich von selbst. »Die Pfalz beheimatet einen fröhlichen und weltoffenen Menschenschlag, der viel Sinn für gesellschaftliches Zusammenleben und die Freuden der Zeit hat«, schrieb Ex-Kanzler Helmut Kohl in seiner Doktorarbeit.

Die Freuden der Zeit, das sind für den Pfälzer Essen, Trinken und Feiern. Darüber wird an anderer Stelle dieses Buches noch ausführlich zu reden sein. Dass in einer solchen Umgebung beispielsweise auch der Vorläufer der heutigen Konservendose erfunden wurde, ist eine fast logische Konsequenz: Napoleon I. schrieb Anfang des 19. Jahrhunderts einen Wettbewerb für ein Verfahren aus, das die Nahrungsmittel für seine Armee haltbarer machen sollte. Der Chefkoch des Zweibrücker Herzogs, Nicolas Appert, hatte den besten Vorschlag und gewann den Preis.

Der Wanderer trifft im weitläufigen Pfälzer Wald, vor allem im Dahner Felsenland, immer wieder auf bizarre Gesteinsformationen

Die Pfalz besteht aber nicht nur aus der sonnenverwöhnten Vorderpfalz. Weiter »hinten«, gegen das Saarland und Frankreich zu, breitet sich der hügelige Pfälzer Wald und das raue Nordpfälzer Bergland aus. Und wenn es in der Vorderpfalz einmal ein paar Tage regnerisch ist, dann haben sie in der Hinterpfalz 14 Tage lang »gar kein Wetter mehr«.

Der Pfälzer Wald ist das größte zusammenhängende Waldgebiet Deutschlands. Mit seinen atemberaubenden Felsformationen ist es ein Paradies für Wanderer. Vielleicht werden deshalb dort auch so viele Schuhe gemacht.

Zu den bekanntesten Felsgebilden im Pfälzer Wald zählt der »Teufelstisch« bei Hinterweidenthal

Millionenstädte gibt es in der beschaulichen Pfalz nicht. Ludwigshafen, Kaiserslautern, Pirmasens, Neustadt an der Weinstraße, Landau, Worms und Speyer – alles hält sich in überschaubaren Größen. Sicher ist das mit ein Grund, warum sich die Pfälzer in ihrer Heimat so wohl fühlen.

Die Pfalz einst und heute

Auf dem Boden der Pfalz wurde viel Geschichte geschrieben. Das Land musste aber auch Geschichte über sich ergehen lassen. Denn die klimatisch bevorzugte Region am großen Verkehrsstrom des Rheins weckte schon immer Begehrlichkeiten. Zudem war die Pfalz oft Prellbock der widerstreitenden Mächte in Ost und West. So ziehen sich Zerstörungen, Plünderungen, Not und Leid wie ein roter Faden durch die Jahrhunderte. Vielleicht sind deshalb heute, in ruhigen und friedlichen Zeiten, die Menschen in der Pfalz robuster, genuss- und lebensfreudiger als anderswo.

Um etwa 800 v. Chr. siedelten sich hier die Kelten an. Auf dem Donnersberg errichteten sie eine Fluchtburg, in Rodenbach bei Kaiserslautern und in Bad Dürkheim entdeckte man keltische Fürstengräber aus der Hochzeit der keltischen Epoche zwischen 450 und 300 v. Chr.

Im gallischen Krieg stößt Julius Cäsar 55 v. Chr. zum ersten Mal bis an den Rhein vor. Im Jahr 83 n. Chr. wird die römische Provinz Germania Superior mit der Hauptstadt Moguntiacum, dem heutigen Mainz, gegründet. Gleichzeitig wird Speyer, als älteste Stadt der Pfalz, Hauptort einer römischen Siedlung. Der Weinbau beginnt.

Ende des 3. Jahrhunderts beginnen die ersten Übergriffe alemannischer und fränkischer Stämme auf das Territorium der heutigen Pfalz. Von 406–407 n. Chr. dringen alemannische Stämme über die Nordpfalz bis nach Trier, der ältesten deutschen Stadt, vor und verwüsten sie. Die römische Herrschaft neigte sich ihrem Ende zu. Es dauert über 1000 Jahre, bis sich das Land von diesem Niedergang erholt hat, bis wieder ein ähnlicher Lebensstandard geschaffen werden konnte wie zu römischen Zeiten, in denen es Seide, Weihrauch, Pfeffer, verglaste Villen, beheizte Thermen und andere Annehmlichkeiten gab.

Um 420 besetzen die Burgunder das Land und machen Worms zu ihrem Zentrum. Lange dauert ihre Herrschaft nicht. Sie werden von den Alemannen vertrieben, bleiben aber im Nibelungenlied auf eindrucksvolle Weise in der Geschichte verankert. Um 450 ziehen die Hunnenheere durch den Pfälzer Wald, um Gallien zu erobern. Auch sie nehmen dabei alles mit, was nicht niet- und nagelfest ist.

Im Jahr 506 schließlich besiegen die Franken die Alemannen und »nehmen das Land«, das sie von nun an für viele Jahrhunderte regieren sollten. Im Jahr 800 wird der fränkische König Karl der Große im Dom zu Aachen zum Kaiser des neuen Heiligen Römischen Reiches Deutscher Nation gekrönt. Politische Stabilität kommt ins Land und ein gewisser Wohlstand kann sich entwickeln.

Aus der fränkischen Adelsfamilie der Salier steigt 1024 Konrad II. auf den Thron. Er veranlasst den Neubau des Speyerer Doms und erklärt ihn zur Kult- und Begräbnisstätte der Salier und die Stadt zum Zentrum seines Reiches.

1081 wird die Reichsfeste Trifels in der Südpfalz zum ersten Mal urkundlich erwähnt. Sie erlangte Berühmtheit durch den englischen König Richard Löwenherz, der hier 1194 für einige Wochen von Kaiser Heinrich VI. gefangen gehalten

Burg Trifels bei Annweiler im Pfälzer Wald

Der Kaiserdom zu Speyer, St. Maria und St. Stephan geweiht, ist ein herausragendes Werk der romanischen Baukunst und heute Weltkulturerbe der UNESCO

Innenansicht des Mittelschiffs des Speyerer Doms von der Orgel über den Altar bis hin zur Apsis

und erst nach Zahlung eines hohen Lösegelds wieder freigelassen wurde. Der Trifels war ab 1118 auch Hauptaufbewahrungsort der Reichsinsignien.

1214 wird der Wittelsbacher Bayernherzog Ludwig I. von Kaiser Friedrich II. mit der Pfalzgrafschaft belehnt. Mit Unterbrechungen sollte nun die Pfalz für lange Zeit in bayerischem Besitz bleiben.

So gerne die Pfälzer feiern und fröhlich sind, so sehr können sie aber grob und zornig werden. Und das ohne Übergang. Am 23. April 1525 schlugen sie unmittelbar nach der »Kerwe« in Landau-Nussdorf gegen die Obrigkeit los, um die Aufhebung der Leibeigenschaft zu erzwingen. Der sogenannte Bauernkrieg endete für die Pfälzer Bauern am 23. Juni 1525 in einer verlustreichen Niederlage vor der Stadt Pfeddersheim bei Worms.

Ein weiteres bedeutsames Datum der Geschichte ist der 18. April 1521. Auf dem Reichstag zu Worms trat Martin Luther vor den jungen Kaiser Karl V., der ihn aufforderte, seine Thesen zu widerrufen. Luther aber antwortete: »Hier stehe ich, ich kann nicht anders, Gott helfe mir. Amen.« Dieser Satz, auch wenn er tatsächlich in etwas anderem Wortlaut gesprochen wurde, sollte die Welt verändern. Die neue Lehre ist unaufhaltsam, daran ändert auch alle Macht des Papstes und seiner weltlichen Verbündeten nichts. Und noch ein bedeutsames Zeichen zur Glaubensfrage ging von der Pfalz aus: Auf dem Reichstag zu Speyer 1529 sollte beschlossen werden, dass das Wormser Edikt von 1521, die Verfolgung der evangelischen Christen, nun mit aller Schärfe durchzuführen sei. Dagegen protestierten sechs Fürsten, woraus sich der Name Protestanten für die Anhänger der neuen Lehre herleitet.

Liselotte von der Pfalz, eigentlich Kurfürstin Elisabeth Charlotte. Porträt von Pierre Mignard (um 1678)

Letztlich war auch der unselige Dreißigjährige Krieg von 1618 bis 1648 eine Folge der Glaubensspaltung. Dieser Krieg richtete in der Pfalz fürchterliche Verwüstungen an. Die Menschen hatten kaum Zeit, sich nach Ende des Krieges einigermaßen zu erholen, da wurden sie schon wieder mit einer neuen Auseinandersetzung konfrontiert. Der Pfälzische Erbfolgekrieg tobte von 1688 bis 1697 und vernichtete erneut weite Teile des Landes. Unter anderem wurde auch die Stadt Worms fast vollständig zerstört.

Der Tod des letzten bayerischen Herzogs 1777 brachte die Vereinigung Bayerns mit der Pfalz.

Von der Ferne grüßt das Hambacher Schloss über den verschneiten Weinbergen um Neustadt an der Weinstraße

Festzug zum Hambacher Schloss am 27. Mai 1832

Entsprechend den Hausverträgen der Wittelsbacher zog der Hof Kurfürst Karl Theodors von Mannheim nach München um. Schon 1795 aber eroberten die französischen Revolutionstruppen die linksrheinischen Gebiete der Pfalz und der Rhein wurde zur Grenze zwischen Deutschland und Frankreich. Nach den Beschlüssen des Wiener Kongresses von 1815 kam die linksrheinische Pfalz jedoch wieder an Bayern zurück, die rechtsrheinische Kurpfalz wird dem Großherzogtum Baden einverleibt.

Noch einmal tritt die Pfalz ins helle Licht der Öffentlichkeit: Am 27. Mai 1832 versammelten sich 30 000 Menschen auf dem Marktplatz in Neustadt und zogen hinauf zum Hambacher Schloss. Dort forderten sie Pressefreiheit und die nationale deutsche Einheit und Freiheit. Zum ersten Mal wurde die schwarz-rot-goldene Fahne gehisst. Das »Hambacher Fest« gilt seitdem als Wiege der deutschen Demokratie.

In den Kriegen mit Frankreich 1870–1871, 1914–1918 und 1939–1945 war die Pfalz jeweils bedauernswertes Aufmarschgebiet der Kriegsmaschinerie. Der Nationalsozialismus vernichtete die blühenden und wirtschaftlich bedeutsamen jüdischen Gemeinden in der Pfalz, die Region geriet mehr und mehr ins Abseits.

Nach Ende des Zweiten Weltkriegs wurde die Pfalz wieder einmal von französischen Truppen besetzt. Ihr Besatzungsgeneral, Pierre König, verfügte am 30. April 1946 die Schaffung eines rheinpfälzischen Landes, eine ausgearbeitete Verfassung wurde bei der Volksbefragung mit einer knappen Mehrheit von 53 Prozent ange-

Die Pfalz ist das größte Gemüseanbaugebiet Deutschlands. Auch Spargel und Kopfsalat gedeihen hier dank des milden Klimas prächtig

nommen, das neue Bundesland Rheinland-Pfalz war geboren. Dem »Retortenbaby«, wie Kritiker das neue künstliche Staatsgebilde nannten, wurde als wirtschaftliches Schlusslicht der damaligen Bundesländer keine lange Lebensdauer prognostiziert. Aber Totgesagte leben ja bekanntlich länger. Inzwischen haben sich die Bewohner in Rheinhessen und in der Pfalz auf einen beachtlichen sechsten Rang vorgearbeitet.

Dennoch gibt es immer noch böse Zungen, die behaupten, die Pfälzer kämen vor lauter Feiern und Festen gar nicht mehr zum Arbeiten. Und bestärkt werden sie durch das Urteil eines Mannheimer Gerichts, das 1997 einem angeklagten Pfälzer bescheinigte, er gehöre einem Menschenschlag an »mit einer geradezu extremen Antriebsarmut, dessen chronischer Unfleiß sich naturgemäß erschwerend auf sein berufliches Fortkommen auswirkt.« Gemeint war hier das Individuum, was aber von gewissen Kreisen gleich begierig verallgemeinert wurde. Wahrscheinlich von den »Hesseköpp«, den »Schnellbabblern«, die ja nicht müde werden, darauf hinzuweisen, dass sie ein Drittel mehr Bruttosozialprodukt erwirtschaften, als ihre Nachbarn links vom Rhein. Zugegeben, um die Bankentürme Frankfurts und seinen Flughafen dreht sich das Wirtschaftskarussell ein wenig schneller als in der beschaulichen, von Landwirtschaft geprägten Pfalz. Aber auch hier muss der Bauer »hinter dem Pflug schreiten« und »siebenmal um den Weinstock gehen«, um eine gute Ernte einzufahren. Von wegen Antriebsarmut!

Die Vorderpfalz ist heute das wichtigste Wein-

Pfälzer Gastlichkeit
mit Wein und deftiger
Hausmannskost

Kurgarten und Kurhaus in Bad Dürkheim

»Pfälzer Sommerzauber« – ein kulinarisches Rendezvous im Kurpark von Bad Bergzabern

und Gemüseanbaugebiet Deutschlands. Im Pfälzer Wald und im Pfälzer Bergland spielen noch immer die Schuhindustrie und die Holzwirtschaft eine wichtige Rolle. Dagegen verliert das Land als Truppenstandort immer mehr an Bedeutung. Diese Kehrseite friedlichen Zusammenlebens wird jedoch ausgeglichen durch den zunehmenden Fremdenverkehr. Hier locken den Touristen die idyllischen Weinorte mit ihren alten Gässchen, den hübschen Fachwerkhäusern, den rebenumkränzten Erkern, ihren Winzerhäusern mit den gemütlichen Innenhöfen, in denen fast immer Tische und Bänke zum Sitzen bei einem Schoppen Wein und handfesten Küchenköstlichkeiten einladen. Und die Gäste kommen ganz einfach auch wegen »der netten Leut'«. Aber auch historische Zeugnisse des Landes sind Anziehungspunkte, so die Dome zu Speyer und Worms, der Trifels, das Hambacher Schloss oder die vielen anderen Burgen, die die Hügel der Pfalz krönen. Nicht zu vergessen das Wanderparadies des Pfälzer Waldes. Bad Dürkheim und Bad Bergzabern sind Kurorte von hervorragendem Ruf. Und natürlich ist in der fröhlichen Pfalz, Gott erhalt's, auch überall für das leibliche Wohl bestens gesorgt.

Die Weinkammer Deutschlands

Die Pfalz ist das zweitgrößte Weinanbaugebiet Deutschlands. Nur das benachbarte Rheinhessen hat derzeit noch ein paar Rebstöcke mehr aufzuweisen. Aber die Pfalz ist das ertragreichste in der Republik und darf sich zudem damit schmücken, dass die Deutsche Weinstraße, die älteste und bekannteste Touristikroute, ausschließlich auf ihrem Territorium verläuft. Unmittelbar an der Grenze zum Elsass tritt man im südpfälzischen Schweigen durch das Deutsche Weintor in den südlichen Teil der Weinstraße, folgt ihr bis Neustadt, um dann bis Bockenheim im Leininger Land auf der nördlichen Route zu fahren. Mit der Südlichen Weinstraße und der Mittelhaardt/Deutsche Weinstraße sind zwei Weinbaubereiche definiert.

Die Deutsche Weinstraße wurde aus der Not geboren: Rekordernten, Preisverfall, die Vertreibung der jüdischen Weinhändler machten den Pfälzer Winzern schwer zu schaffen. Eine Ferienstraße von Schweigen bis Bockenheim sollte den Weinabsatz wieder ankurbeln. Sie sollte später durch andere deutsche Weingebiete fortgeführt werden, aber die pfiffigen Pfälzer behielten sie einfach für sich. Somit ist die Deutsche Weinstraße eigentlich eine Pfälzer Weinstraße.

Auf einer Länge von über 80 Kilometern breiten sich links und rechts der Deutschen Weinstraße Rebfluren und Rebhänge aus so weit das Auge reicht. 23 500 Hektar sind es, haben die Landvermesser ermittelt, und weit über 100 Millionen Rebstöcke haben die Statistiker gezählt. Von Westen her geschützt durch die hügeligen Ausläufer des Pfälzer Waldes, der Haardt, werden hier im milden Klima der Ebenen zum Rhein hin durchschnittlich 2,5 Millionen Hektoliter Wein pro Jahr erzeugt. Jede vierte Flasche deutschen Weins, die in der Republik getrunken wird, stammt aus der Pfalz. Der Export in andere Länder liegt bei rund 25 Prozent. Hauptabnehmer sind die Engländer. Einer der prominentesten Liebhaber Pfälzer Weine war Reichskanzler Bismarck, der seinen Gewürztraminer aus Ellerstadt

Weinlese in der Pfalz, dem ertragreichsten Weinanbaugebiet Deutschlands

Das Deutsche Weintor in Schweigen an der Weinstraße

bezog und vom Riesling der Forster Lage »Ungeheuer« sagte: »Dieses Ungeheuer schmeckt mir ungeheuer.« Damit machte er diesen großen Wein weltberühmt.

Die Landschaft, die Dörfer und die Menschen sind geprägt vom Wein. Weite Auen und sanfte Rebhügel, in den Dörfern die typischen Winzerhöfe mit ihrem hohen Bogeneingang, durch die die großen Winzerwagen passen müssen, dahinter dann der geräumige Innenhof, der im Sommer mit Tischen und Bänken und weinseligen Touristen bestückt ist.

Die Weinfeste im Herbst sind kaum mehr zu überschauen. Vom frühen Sommer bis in den späten Herbst hinein wird praktisch ununterbrochen gefeiert und gefestet. Da gibt es Veranstaltungen mit Wein und Kunst oder Wein und Jazz, Häckerfeste mit Bauernmarkt, spezielle Rotweinfeste oder ein Traminerwettstreit, Herbstmärkte mit Weindorf und Feste des Federweißen, also des noch jungen, nicht vollständig vergorenen Weins. Nahezu jedes Winzerdorf feiert seine eigene *Weinkerwe* (Kirchweihe). Auch der *Dürkheimer Wurstmarkt* ist trotz des Namens ein Weinfest. Es sei das größte Weinfest der Welt, sagen die Pfälzer und mit dem ihnen eigenen Selbstvertrauen übersehen sie großzügig die Weinfeste im spanischen Jerez oder im burgundischen Beaune. Der Dürkheimer Wurstmarkt hat sich aus einer Wallfahrt entwickelt und kann bis zum Jahr 1417 zurückverfolgt werden. Das größte Weinfass der Welt aber steht unzweifelhaft in der Pfalz. Das vom Dürkheimer Küfermeister Fritz Keller 1934 erbaute Riesenfass würde 1,7 Millionen Liter Wein aufnehmen können, wenn es jemals gefüllt worden wäre. In Wirklichkeit ist es nämlich ein Weinrestaurant mit 650 Sitzplätzen.

In einer Landschaft, die von überdurchschnittlich vielen Sonnenstunden und einer mittleren Jahrestemperatur von 11 Grad Celsius gesegnet ist, werden nicht nur die Triebe der Reben erwärmt, sondern auch die Herzen der Menschen. Hier lebt es sich leichter und genussfreudiger als anderswo.

Der liebe Gott hat es gut gemeint mit der Pfalz. Das wussten auch schon die Römer, die den Weinbau hier begründeten. Schon bald fuhren dann die römischen Weinschiffe, voll beladen mit köstlichem Rebensaft aus der Pfalz, rheinabwärts, um die nördlichen Garnisonen zu versorgen. Nur wenige Jahrhunderte allerdings konnten sich die Römer an dem schönen Klima und dem guten Wein der Pfalz erfreuen. Dann wurde das Leben durch die ständigen Attacken der Alemannen und schließlich der Burgunder recht ungemütlich. Der reichlich genossene Pfälzer Wein trug sicher nicht zur Stärkung der Wehrkraft bei, weshalb es dann in der Mitte des fünften Jahrhunderts nach Christus vorbei war mit der römischen Herrlichkeit am Rhein. Aber auch die burgundische Herrschaft dauerte nur kurz, denn um 450 zog der legendäre Hunnenkönig Attila mit einem Riesenheer an den Rhein, um über den Pfälzer Wald nach Gallien zu ziehen. Dabei wurde er jedoch von den Alemannen längere Zeit aufgehalten, die das Hunnenheer mit Partisanenangriffen schier zur Verzweiflung

Blick in einen Holzfasskeller in Deidesheim

Die von Weinbergen umgebene Liebfrauenkirche in Worms

brachten. Ihren Ärger spülten Attilas Mannen mit Pfälzer Rebensaft hinunter und es heißt, dass die trinkfesten und wilden Reiter nicht selten mit drei Promille im Blut (wer das wohl gemessen hat?) noch aufrecht im Sattel saßen. Als die Hunnen dann schließlich Gallien erreichten, waren ihre Arme doch etwas schwerfällig geworden und so unterlagen sie 451 auf den Katalaunischen Feldern in der Champagne dem römischen Heer.

In Speyer gibt es außer dem weltberühmten Dom auch das höchst interessante Historische Museum zu besichtigen. Hier kann der Besucher in einer Glasamphore den ältesten Wein der Welt bestaunen. Er wurde im Grab eines römischen Legionärs gefunden. Experten haben herausgefunden, dass dieser noch immer flüssige Rebensaft über 1 600 Jahre alt sein muss. Er ist somit der älteste erhalten gebliebene Wein der Welt. Und noch ein Weinweltrekord wurde in der Pfalz aufgestellt: 1971 erntete ein Südpfälzer Winzer Trauben mit dem sensationellen Mostgewicht von 326 Grad Öchsle.

Zum Schluss noch eine kurze Übersicht über die Rebsorten. Im gleichmäßig warmen Klima und auf den unterschiedlichsten Böden gedeihen eine ganze Reihe weißer und roter Rebsorten prächtig und machen die Pfalz zum vielseitigsten Weinanbaugebiet Deutschlands. Bei den Weißweinen, die fast drei Viertel der Rebfläche der Pfalz bedecken, ist der *Riesling* vorherrschend. Er ist die edelste deutsche Rebsorte, viele Experten sagen sogar, der ganzen Welt. Die Weine sind rassig, mit feiner Blume und Säure ausgestattet, das Bukett elegant, nicht aufdringlich. Trockene Rieslingweine eignen sich als Begleiter für alle Gerichte, insbesondere aber für Fische und Meeresfrüchte.

Der in der Pfalz nach dem Riesling am häufigsten angebaute Wein ist der *Müller-Thurgau*, wahrscheinlich eine Züchtung aus Riesling- und Silvaner-Reben, die der Weinwissenschaftler Hermann Müller aus Thurgau in der Schweiz geschaffen hat. Die Trauben reifen früh und bringen einen eher einfachen, frischen und milden Wein hervor. Er passt gut zu leichten Speisen, kann aber auch bei kräftiger Kost ausgleichend wirken.

Knapp zehn Prozent der Pfälzer Rebflächen werden mit dem *Kerner* bepflanzt. Diese Neuzüchtung aus Trollinger und Riesling stammt aus der Staatlichen Lehr- und Versuchsanstalt für Wein- und Obstbau in Weinsberg und wurde nach dem schwäbischen Arzt und Dichter Justinus Kerner benannt. Der frische und gehaltvolle Wein ist sehr beliebt als dezenter Begleiter zu Vorspeisen und Gerichten mit Geflügel oder Kalbfleisch.

Eine der traditionsreichsten Rebsorten ist der *Silvaner*, noch vor einigen Jahren die meistangebaute Rebsorte in Deutschland. Inzwischen wird der Silvaner zunehmend durch Anpflanzungen von Riesling oder Weißburgunder zurückgedrängt. Silvaner-Weine sind unkompliziert, leicht und süffig und davon darf es auch einmal ein »Schöppche« mehr sein. Wie der Müller-Thurgau empfiehlt sich der Silvaner zu leichten Speisen, kann aber als sehr anpassungsfähiger Tischgenosse universell verwendet werden.

Stark im Kommen sind die Weißen aus der Burgunderfamilie. *Weißer Burgunder, grauer Burgunder, Auxerrois* und *Chardonnay* sind eng verwandt. Letzterer wird gelegentlich als Modewein bezeichnet, was dieser edlen Rebe nicht gerecht wird, denn immerhin ist sie schon seit jeher Hauptbestandteil des Champagners gewesen. Die Reben dieser Familie stellen hohe Ansprüche an Boden und Klima. Sie finden also in der Pfalz die idealen Voraussetzungen. Das Ergebnis sind dann auch ausdrucksstarke, elegante, jedoch im Geschmack nie aufdringliche Weine, die sich neutral so gut wie allen Gerichten anpassen.

Ein echtes Pfälzer Kind ist der *Morio-Muskat*, von Peter Morio um 1920 in der Lehr- und Forschungsanstalt in Neustadt an der Weinstraße gekreuzt. Der ausgeprägt aromatische Wein, den eine vollendete Harmonie auszeichnet, passt hervorragend zu Wild- und Wildgeflügel und zu würzigen Pasteten. Die Pfälzer trinken ihn auch gerne als Schoppenwein.

Außer den genannten Rebsorten gibt es in der Pfalz noch eine ganze Reihe anderer Ge-

Ein für die Pfalz typisches Winzerhaus mit gewölbter Tordurchfahrt

wächse wie *Scheurebe, Bacchus, Gewürztraminer, Ortega* oder *Huxelrebe*. Sie liegen aber alle unter zwei Prozent in der Anbaustatistik. Auch diese selteneren Sorten haben ihre Fans und wer einmal die Deutsche Weinstraße mit Zeit und Muße durchstreift, dem sei empfohlen, die vielfältigen Weine der Pfalz auszuprobieren und kennen zu lernen.

Bei den Rotweinen steht der *Portugieser* an erster Stelle der pfälzischen Weinskala. Die Weine sind süffig, mild und bekömmlich und daher bei all den vielen Pfälzer Weinfesten äußerst beliebt. Woher der Name der Rebe kommt, ist bis heute nicht genau geklärt, zumal die Traube in Portugal selbst unbekannt ist. Tatsache ist jedenfalls, dass sie um 1860 aus Österreich in die Pfalz kam und dort sofort von den Winzern begeistert aufgenommen wurde. Portugieser-Wein passt sehr gut zu Braten und Wildgerichten.

Einen wahren Siegeszug durch die Pfalz hat der *Dornfelder* angetreten. In wenigen Jahren hat er es auf acht Prozent der gesamten Rebfläche der Pfalz gebracht, Nachfrage weiterhin stark steigend. Auch er stammt aus der Staatlichen Lehr- und Versuchsanstalt für Wein- und Obstbau in Weinsberg, wo er 1955 aus den relativ unbekannten Sorten Helfensteiner und Heroldrebe gekreuzt wurde. Schnell entwickelte sich der Dornfelder zur erfolgreichsten roten Neuzüchtung. Mit seiner tiefroten Farbe und seinem markanten Bukett macht er so manchem hochdekorierten Roten aus Italien und Frankreich Konkurrenz, vor allem bei trockenem Ausbau im Holzfass. Zu kräftigem Braten und Wild passt er dann besonders gut.

Schließlich wäre noch der blaue *Spätburgunder* zu erwähnen, die wohl wertvollste Rotweinsorte in Deutschland. Wie es sich für einen Adligen aus der Burgunderfamilie gehört, erwartet der Spätburgunder nach langer Reifezeit am Stock auch eine ausdauernde und fachkundige Pflege im Fass. Dann bedankt er sich beim Weingenießer mit samtiger, voller Konsistenz, feurig und mit schönem Bukett. Rund fünf Prozent macht sein Anteil an den Pfälzer Weinbergen aus. Es empfiehlt sich, diesen Wein zum Braten, zu Wildgerichten oder zum Käse mit Bedacht zu trinken.

Es gibt noch eine Reihe von roten Rebsorten auf Pfälzer Böden, die aber von der Menge her unbedeutend sind. Wenn Sie auf einer Weinkarte einen *St. Laurent*, eine *Heroldrebe* oder einen *Dunkelfelder* angeboten bekommen, so ist dies einer der seltenen Roten. Probieren Sie ein Gläschen und lassen Sie sich überraschen.

Für vier Personen oder zwei Pfälzer

Die lebensfrohen Pfälzer essen gern und viel. Daher sind die Zutaten im nachfolgenden Rezeptteil, wenn nichts anderes angegeben ist, für vier Personen oder zwei Pfälzer berechnet. Ein Gastwirt aus der Pfalz, der weiß, von was er spricht, drückte es einmal so aus: »Wenn der Pfälzer nicht isst, dann trinkt er – meistens tut er beides.« Wobei allerdings zugegeben werden muss, dass die Pfälzer mit ihrer Genussfreudigkeit gerne ein wenig kokettieren. Denn auch sie wissen: »Nichts ist schwerer zu ertragen, als eine Reihe von guten Tagen, insbesondere für den Magen.«

Wenn aber die Natur ihre Gaben täglich und großzügig als Geschenke auf die Pfälzer Tische legt, fällt es eben schwer, Nein zu sagen. Und wo viel gefeiert wird, wird natürlich auch gut und gern gegessen. So ist die Küche der Pfalz genau die richtige Grundlage für den Wein, den der Pfälzer folgerichtig meistens aus dem Schoppenglas trinkt, das hier einen halben Liter fasst, ansonsten in Deutschland in der Regel nur einen viertel Liter. Wobei man in Rhodt unter der Rietburg noch einen draufsetzte: Der »Rhodter Pfiff« ist ein zylindrisches Schoppenglas, das gleich einen ganzen Liter enthält.

Die traditionelle Kost in der Pfalz ist kräftig-deftig. Fleisch und Wurst dominieren. Hartnäckig hält sich das Gerücht, dass den meisten Pfälzern das Schlachtfest wichtiger ist als Ostern und Weihnachten zusammen. Aber auch die Kartoffel liebt man hier heiß und innig und weiß unglaublich viel damit anzufangen. »Knepp«, Knödel, gibt es in allen möglichen Variationen, wobei es durchaus auch einmal ein echter Leberknödel sein darf. Typisch pfälzisch ist die Kartoffelsuppe, die man bevorzugt mit Zwetschgenkuchen oder Dampfnudeln isst. Wohlgemerkt zusammen und nicht nacheinander! Sehr beliebt sind auch die sogenannten Flachkuchen wie Zwiebelkuchen, Lauchkuchen oder der köstliche Flammkuchen, eine Anleihe aus dem benachbarten Elsass. Überhaupt die Franzosen: Sie haben das Land im Laufe der Geschichte mehrmals besetzt, nicht nur einmal verwüstet und ausgeplündert, aber sie haben auch Gutes bewirkt. Den Pfälzern war die lockere Lebensart der Franzosen viel sympathischer, als die preußische Strenge oder die leicht überhebliche Art der Bayern. »Savoir vivre«, Lebensfreude, Freiheit, Toleranz – das waren Eigenschaften, die den Pfälzern gefielen. Außerdem hatten die Franzosen verführerische Rezepte und konnten exzellent kochen. Man behielt das Angenehme und ließ über die alten Fehden das Gras des Vergessens wachsen. Heute versteht man sich über die Grenze hinweg prächtig.

Der berühmteste Pfälzer der Neuzeit hat nicht nur den Deutschen klargemacht, wo das »Bimbesland« liegt, er hat auch dem Nationalgericht der Pfälzer, dem Saumagen, zu internationalem Ruhm verholfen. Seine Staatsgäste entführte Helmut Kohl mit Vorliebe nach Deidesheim, um ihnen dort den in Vollendung zubereiteten Saumagen servieren zu lassen. Trotz des nicht gerade nach »haute cuisine« klingenden Namens ist dieses wunderbar schmeckende Gericht der krönende Ausdruck der fast innigen Beziehung des Pfälzers zum Schwein.

Wie beim Wein, so haben die Pfälzer auch

Das Deutsche Weinlesefest wird am ersten und zweiten Wochenende im Oktober traditionell in Neustadt an der Weinstraße gefeiert

Die historische Geißbock-Versteigerung in Deidesheim

beim Essen noch immer mit alten Vorurteilen zu kämpfen. Masse statt Klasse, meint man gern außerhalb des Landes – und irrt sich. So wie sich die Winzer der Pfalz in den letzten Jahrzehnten mit ihren Erzeugnissen immer weiter in die Spitzenklasse der europäischen Weinliga hinaufgearbeitet haben, so sammeln die Köchinnen und Köche der Region immer mehr Sterne, Kochmützen, Gabeln und was es sonst noch an gastronomischen Auszeichnungen gibt. Längst hat die feine und raffinierte Küche, beeinflusst von den südlichen Nachbarn in Baden und im Elsass Einzug in die Gasthöfe der Pfalz gehalten.

Nun – wo es so viel Gutes zu Essen und zu Trinken gibt, muss man natürlich auch die Gelegenheiten schaffen, all die Köstlichkeiten genießen zu können. Und was eignet sich da besser als ein schönes großes Fest. Wenn auch in anderen Gegenden Deutschlands gern gefeiert wird, in der Pfalz ist dies ein Dauerzustand, denn gute Laune hat hier immer Saison. Schon die ersten wärmenden Sonnenstrahlen im März treiben die Pfälzer »uff die Gass'«. Dann beginnen die endlosen Wein- und Straßenfeste, die erst am 11. November traditionell in Sankt Martin mit dem Sankt-Martinus-Weinfest beendet werden. Aber nur, um nahtlos Platz zu machen für die Fassenacht, die von nun an den Festkalender bis zum Aschermittwoch beherrscht. Und von da an ist es nicht mehr weit bis zu den ersten wärmenden Sonnenstrahlen im März, und das Pfälzer Karussell dreht sich wieder von vorn.

Es gibt unzählige Feste und Märkte, von denen wir im Folgenden nur eine kurze Auswahl vorstellen können: In Gimmeldingen, einem Vorort von Neustadt an der Weinstraße, feiert man im März das *Mandelblütenfest*. Rund 2 000 Mandelbäume verwandeln die Landschaft in ein rosarotes Blütenmeer. Es ist das einzige »bewegliche« Fest der Pfalz, denn der Termin wird kurzfristig – je nach dem Blütenstand der Mandelbäume – festgesetzt.

Am Dienstag nach Pfingsten wird in Deidesheim vor dem schönen Rathaus ein *Geißbock*

Im Rahmen des Wormser Backfischfestes findet im alten Floßhafen das traditionelle Fischerstechen statt

versteigert. Den hat seit dem Jahr 1401 das Dorf Lambrecht als Bringschuld abzuliefern. Natürlich wird das Ereignis gleich mit einem ordentlichen Weinfest verbunden.

In Speyer, der geschichtsträchtigen Stadt am Rhein, wird am zweiten Wochenende im Juli das *Brezelfest* zu Ehren des berühmten Gebäcks der Stadt gefeiert. Am zweiten Wochenende im August folgt dann gleich die *Kaisertafel*, bei der die

Speyerer Köche und Gastronomen auf einer 800 Meter langen Tischreihe alles auftragen, was sie an regionalen und internationalen Köstlichkeiten zu bieten haben. Und schließlich, am zweiten Wochenende im September, feiern die Speyerer ihr romantisches *Altstadtfest* im »Hasenpfuhl« zwischen Fischmarkt und Sonnenbrücke.

Worms will da natürlich nicht zurückstehen. Deshalb feiert man am letzten August- und ersten Septemberwochenende das *Backfischfest,* ein riesiges Volksfest mit rund 600 000 Besuchern. Im Rahmen der im Zeichen hübscher junger Mädchen und gebackener Fische stehenden Belustigung findet im Floßhafen das berühmte *Fischerstechen* statt.

Am dritten Wochenende im September beginnt mit dem *Dürkheimer Wurstmarkt* das größte Weinfest der Welt, davon jedenfalls sind die Pfälzer überzeugt. Seit 1417 wird der ehemalige Michaelis-Markt in Bad Dürkheim abgehalten. Den Kirchenvätern war er aber »zu ausgelassen«, weshalb er in ein »gesittetes Kirchweihfest«, den heutigen Wurstmarkt, umgewandelt wurde. Ob es heute weniger ausgelassen zugeht, sei dahingestellt.

Zum Schluss sei noch ein kleines, aber äußerst feines Ereignis erwähnt: der *Pfälzer Sommerzauber.* Dieses Gourmetfestival findet alle zwei Jahre statt. Dabei zeigen Spitzenköche und renommierte Winzer der Pfalz, dass es hier nicht nur Saumagen und »Grumbeere« und durchschnittliche Wein-Liter-Ware gibt. Das Beste aus Küche und Keller soll für die vielen Besucher gerade gut genug sein. Einige Gerichte, die wir in diesem Buch vorstellen, haben beim Pfälzer Sommerzauber in Bad Bergzabern die Feinschmecker begeistert.

Lernen Sie nun auf den folgenden Seiten die kulinarische Pfalz von ihrer besten Seite kennen. Traditionelle Gerichte, moderne Rezepte sowie kreative Schöpfungen renommierter Köchinnen und Köche der Pfalz erwarten Sie. Und denken Sie daran: Wenn nichts anderes angegeben ist, sind die Zutaten für vier Personen oder zwei Pfälzer berechnet.

Volksfest und zugleich das größte Weinfest der Welt ist der »Wurstmarkt« in Bad Dürkheim

Jupiter
Spreuer's
Happy Sailor
Dorint

Hasepiehler Kürbissupp'

1 Speisekürbis (etwa 1 kg)
1 Zwiebel
1 EL Butter
200 ml Gemüse- oder Geflügelbrühe
1 Lorbeerblatt
Salz
Pfeffer
geriebene Muskatnuss
200 g Crème fraîche oder Sahne
100 g Weißbrotwürfel
2 EL schalenlose Kürbiskerne
1 EL Pfälzer Rotweinessig
1 Knoblauchzehe
1 EL Schnittlauchröllchen

Den Kürbis teilen und das Kernhaus entfernen. Das Kürbisfleisch auslösen und davon 250 g in kleine Würfel schneiden (der Rest kann anderweitig verwendet werden).

Die Zwiebel schälen, klein schneiden und in einem Topf in Butter anschwitzen, ohne Farbe nehmen zu lassen. Die Kürbiswürfel zugeben, nach 5 Minuten die Brühe angießen, das Lorbeerblatt zufügen, zugedeckt weich dünsten. Mit Salz, Pfeffer und wenig Muskatnuss würzen.

Das Lorbeerblatt entfernen, die Suppe mit dem Mixstab pürieren und durch ein Sieb streichen. Die Crème fraîche oder Sahne zugeben, abschmecken.

Die Weißbrotwürfel und die Kürbiskerne in einer Pfanne mit etwas Butter knusprig braten, mit dem Essig ablöschen, die fein gehackte Knoblauchzehe zugeben.

Die Suppe in vorgewärmten Tellern anrichten, die Croûtons darauf geben. Mit Schnittlauchröllchen bestreuen und sofort servieren.

Dazu passt frisches Weißbrot und ein trockener, kräftiger Pfälzer Grauburgunder.

Dieses Rezept stammt aus der Altstadt von Speyer. Die Gegend zwischen Fischmarkt und Sonnenbrücke bezeichnen die Speyerer liebevoll als »Hasenpfuhl«. Hier wird auch jeweils am zweiten Septemberwochenende das weithin bekannte Altstadtfest gefeiert.
Der »Hasenpfuhl« mit seinen romantischen Winkeln und Gassen bildet die Kulisse für dieses Fest. Rings um die alte Stadtmauer, entlang dem Speyerbach, im Schatten des Domes und der Retscherruine, duftet es dann nach Bratwürsten, gebratenen Esskastanien und anderen Pfälzer Spezialitäten. Wein und Bier fließen in Strömen und sorgen für die entsprechende Fröhlichkeit und ein geselliges Beisammensein der vielen Gäste von nah und fern.

Pfälzer Kartoffelsuppe mit Steinpilzen

Zutaten für 4–6 Personen

750 g Kartoffeln
1 Lauchstange
3 Möhren
½ Sellerieknolle
2 EL Butter
Sellerieblätter
Liebstöckel (Maggikraut)
Petersilie
1½ l Gemüsebrühe
30 g getrocknete oder
200 g frische Steinpilze
Majoran
Salz
Pfeffer
200 g Sahne

Die Kartoffeln waschen, schälen und klein würfeln. Das Gemüse putzen, klein schneiden und in der Butter anschwitzen. Die Kartoffeln zufügen. Nach etwa 5 Minuten das fein geschnittene Grün dazugeben. Mit Gemüsebrühe auffüllen und alles zusammen garen.

Die getrockneten Steinpilze einweichen, die frischen säubern, in kleine Scheiben schneiden und leicht in Butter anbraten.

Die Suppe durch ein Sieb passieren. Die Steinpilze und nach Geschmack Majoran dazugeben, salzen und pfeffern, dann die Sahne unterrühren. Suppe nochmals aufkochen lassen.

Vor dem Servieren die Suppe am besten eine Stunde stehen und gut durchziehen lassen. So verbinden sich die Aromen des Gemüses, der Kräuter und der Pilze.

Die wohl bekannteste Pfälzer Suppenschöpfung enthält natürlich in erster Linie Kartoffeln, daneben aber noch eine ganze Reihe anderer, von Rezept zu Rezept variierender Zutaten. Man serviert diese Köstlichkeit mit knusprig gebackenem Brot, mit frischer Blut- und Leberwurst, mit Dampfnudeln – am allerliebsten aber mit einem noch lauwarmen Zwetschgenkuchen. »Grumbeeresupp' und Quetschekuche«, das ist typisch pfälzisch. Wobei der Zwetschgenkuchen, wohlgemerkt, nicht hinterher, sondern gleichzeitig mit der Kartoffelsuppe gegessen wird!

Lauchcremesuppe

1 kleine Lauchstange
1 kleine Zwiebel
70 g Butter
50 g Mehl
300 ml Gemüsebrühe
200 ml Milch
200 g Sahne
Salz
Pfeffer
Muskat
50 g kalte Butter
50 ml Gewürztraminer-Essig

Für die Croûtons:
2 Scheiben Toastbrot
20 g Butter

Lauch putzen, waschen und in feine Streifen schneiden. Die Zwiebel schälen und fein hacken.

Die Butter in einem Topf zerlaufen lassen, die Zwiebelwürfel und die Hälfte des Lauchs darin anschwitzen. Dann mit Mehl bestäuben und mit kalter Gemüsebrühe ablöschen. Milch und Sahne zugeben, würzen. Die Suppe fein mixen und aufkochen lassen.

Die restlichen Lauchstreifen einlegen und kurz mitgaren. Die kalte Butter und den Gewürztraminer-Essig unterrühren.

Für die Croûtons die Toastbrotscheiben in kleine Würfel schneiden und in der heißen Butter knusprig braten.

Die heiße Suppe mit den Croûtons bestreut servieren.

Den »Spargel der armen Leute«, oder noch schlimmer »polnischer Spargel«, nannte man einmal den Lauch. Diese Zeiten sind Gott sei Dank vorbei. Der Lauch seinerseits hat längst auch die vornehme »haute cuisine« erobert. Da wird er, in feinste Streifchen auf Streichholzlänge geschnitten, zu einer begehrten Zutat. Oft mehr zur Dekoration als zur Degustation.
Die Pfälzer mögen es allerdings ein wenig üppiger, denn auf ihren Feldern wächst der Lauch dicht gedrängt, kraftvoll in Farbe und Geschmack, zu schade, um nur als schönes Beiwerk für das mitessende Auge zu dienen.

Sauerampfersuppe

1 kleine Zwiebel
4 EL Butter
2–3 Hände voll Sauerampfer
1 l Hühnerbrühe
2 große Kartoffeln
Salz
Pfeffer
150 g Sahne
2 Eigelb

Die Zwiebel schälen, fein hacken und in 1 Esslöffel Butter glasig schwitzen. Die Hälfte des gewaschenen Sauerampfers dazugeben und etwa 3 Minuten dünsten, mit der Hühnerbrühe ablöschen. Die andere Hälfte des Sauerampfers in sehr feine, kurze Streifen schneiden, zur Seite stellen. Die Kartoffeln schälen und klein würfeln. In der Suppe weich kochen. Salzen und pfeffern. Alles mit dem Mixstab nicht zu fein pürieren.

Die Sauerampferstreifen in die aufkochende Suppe geben und darin zusammenfallen lassen.

Sahne mit Eigelb verquirlen und in die Suppe rühren. Die Temperatur jetzt nur noch knapp unter der Kochgrenze halten, Suppe nicht mehr aufkochen lassen. Die restliche eiskalte Butter in kleinen Stückchen unter die Suppe rühren.

»Sauerambel«, sagt der Pfälzer zu dem sauer-würzigen Kraut, »des bei uns im Garte wachst un nix koscht«. Im Allgemeinen aber wächst der Sauerampfer wild auf den Wiesen und reckt sich dabei weit über alle anderen Gräser und Kräuter hinaus. Bis zu 50 cm hoch wird die Pflanze, die eng mit dem Rhabarber verwandt ist. Das Blattgemüse ist reich an Mineralstoffen, Vitamin C und Oxalsäure, die den Appetit anregen und das Blut reinigen. Der Geschmack ist fein säuerlich und erfrischend und verträgt sich gut mit Sahne oder Butter. Es sollten allerdings nur die jungen und zarten Blätter verwendet werden.
Sauerampfer wird gehackt als Salat oder püriert als Suppe und Gemüsebeilage zubereitet. Er ist auch unverzichtbarer Bestandteil der berühmten Frankfurter »Grünen Sauce«.

Franzosensuppe

Zutaten für 4–6 Personen

1 kleiner Kopf Weißkraut
½ Sellerieknolle
1 Lauchstange
3 Möhren
1 Zwiebel
3 Kartoffeln
6 EL Butter
2 l Hühnerbrühe
3 Zweige Maggikraut (Liebstöckel)
Salz
Pfeffer
Muskat
2 Knoblauchzehen
1 EL Mehl
1 Bund Petersilie

Gemüse putzen und in kleine Streifen bzw. Rauten schneiden. Kartoffeln schälen und würfeln.

2 Esslöffel Butter in einem Topf schmelzen und das Gemüse darin glasig schwitzen. Kartoffelwürfel zugeben. Mit der Brühe auffüllen und mit dem Maggikraut etwa 45 Minuten köcheln lassen. Mit Salz, Pfeffer, Muskat und zerdrücktem Knoblauch würzen.

Restliche Butter schmelzen, Mehl zufügen und nussbraun werden lassen. Die Schmelze in die Suppe rühren und alles nochmals leicht aufkochen lassen.

Mit fein gehackter Petersilie bestreuen und mit Stangenweißbrot servieren.

Die Pfälzer sind ausgesprochene Suppenliebhaber. Schon im 1858 erschienenen »Pfälzer Kochbuch« der Anna Bergner sind allein 80 Suppenrezepte beschrieben, darunter mehrere Grünkernsuppen, eine klare Hopfensuppe, eine Zwiebelsuppe, von der Autorin als feinste Suppe der Welt bezeichnet. Es gibt im Buch aber auch eine Schokoladensuppe ohne Schokolade, eine Schildkrötensuppe ohne Schildkröten und die berühmte Kerbelsuppe.

Die »Franzoosesupp« ist jedoch eher ein Gemüseeintopf als eine Suppe. Dieses Rezept haben die Pfälzer ursprünglich von den Franzosen, die das Land in den vergangenen Jahrhunderten mehrfach besetzt hatten, übernommen. Die Besatzer sind zwar längst wieder verschwunden, einige ihrer kulinarischen Hinterlassenschaften sind jedoch noch heute beliebt.

Fisch-Trauben-Cocktail

400 g Fischfilet
Saft 1 Zitrone
Salz
⅛ l trockener Weißwein
1 Zweig Dill
Pfeffer
6 Stangen Bleichsellerie
200 g helle Trauben, halbiert
200 g blaue Trauben, halbiert

Für die Sauce:
½ Glas Miracel Whip
(Fertigprodukt)
2 EL Tomatenketchup
1 TL Honig
2 EL Weißwein
1 EL Zitronensaft
Salz
Pfeffer
1 EL fein gehackter Dill

Den Fisch mit Zitronensaft beträufeln, salzen.

Den Wein mit Dill und Pfeffer erhitzen, das Fischfilet einlegen und 10 Minuten dünsten. Fisch herausnehmen und abkühlen lassen, dann in kleine Würfel schneiden.

Den gesäuberten Bleichsellerie würfeln, zusammen mit den Trauben und den Fischwürfeln in einem großen Cocktailglas anrichten.

Die Saucenzutaten miteinander vermischen und über den Cocktail gießen.

Mit Stangenweißbrot und einem trockenen Weißwein servieren.

Die Pfalz ist nicht gerade mit fischreichen Gewässern gesegnet. Ein großer See fehlt ganz, und der Verzehr von Fischen aus dem Rhein war jahrelang wegen der starken Verschmutzung des Stroms nicht zu empfehlen. Das hat sich erfreulicherweise geändert. Heute ist der Fluss wieder weitgehend von Umweltverunreinigungen befreit, sodass wieder Salme, Schleien und Hechte aus dem Rhein und seinen Nebenarmen angeboten werden. Hinzu kommen natürlich Forellen aus den Bächen des Pfälzer Waldes und aus den Zuchtteichen. Wenn heimische Fische in der Pfalz eher selten sind, so gibt es hier Trauben und Wein im Überfluss. Und so ist es nicht verwunderlich, wenn Fischgerichte entweder im Weinsud gegart oder von Weintrauben begleitet werden.

Meerspinne

Eingelegtes Schweinelendchen in Quittenvinaigrette

1 Schweinelendchen (etwa 600 g)
6 EL Olivenöl
3 EL klein gehackte Walnüsse
200 g frische Steinpilze (oder Steinchampignons)
1 kleine Zwiebel
Salz
Pfeffer
1 Prise Zucker
1 TL Senf
3 EL Quittengelee
3 EL Balsamico-Essig
3 EL Walnussöl
½ Glas Preiselbeeren

Das Schweinelendchen in etwas Öl bei mittlerer Hitze in etwa 15 Minuten so anbraten, dass es innen noch leicht rosa ist.

2 Esslöffel Olivenöl erhitzen und darin die gehackten Nüsse, die fein geschnittenen Pilze und die in Würfel geschnittene Zwiebel anrösten.

Für die Vinaigrette Salz, Pfeffer, etwas Zucker, Senf und das Quittengelee mit dem Essig kräftig verrühren. Dann tropfenweise die beiden restlichen Ölsorten unterschlagen.

Das Lendchen in hauchdünne Scheiben schneiden und flach auf einer Platte anrichten. Die Pilz-Nuss-Masse sowie die Preiselbeeren darüber verteilen, mit der Vinaigrette übergießen und gut 1 Stunde im Kühlschrank ziehen lassen.

Mit Bratkartoffeln servieren.

Dass die Pfälzer aus dem geliebten Borstenvieh nicht nur ihren berühmten »Saumagen« herstellen, sondern ihre Gäste durchaus auch mit modernen Kreationen verwöhnen, beweist dieses Rezept, das durch die Verwendung von Quittengelee eine besondere geschmackliche Note erhält.
Quitten, die natürlich auch in der Pfalz wachsen, besitzen einen hohen Pektingehalt, weshalb sie sich ideal zu Gelee verarbeiten lassen. Reife Quitten riechen übrigens sehr angenehm. Deshalb legte man sie früher auf Schränke oder zwischen die Wäsche und ein verführerischer, frischer Duft durchströmte das Haus und parfümierte Handtücher, Bettwäsche und Kleidung auf ganz natürliche und billige Weise.

Duchessa di Modena
ACETAIA NONNA CARLOTTA
ACETO
BALSAMICO
DI MODENA

Gebratene Hähnchenbrust unter der Kräuterkruste mit Feldsalat in Kartoffeldressing

Zutaten für 6–8 Personen

600–700 g Hähnchenbrustfilets
Salz
Pfeffer
Fett zum Anbraten
200 g Semmelbrösel
1 TL frische Thymianblättchen
1 TL frische Salbeiblättchen

Für den Salat:
800 g Feldsalat
1 gekochte warme Kartoffel (mehlige Sorte)
etwas Fleischbrühe
4 EL Spätburgunder-Essig
2 EL Walnussöl
2 EL Distelöl
Salz
Pfeffer
2 EL Crème fraîche

Die Hähnchenbrustfilets salzen und pfeffern. Im heißen Fett auf beiden Seiten anbraten. Wenn sie fast gar sind, herausnehmen und auf ein Backblech setzen.

Die Semmelbrösel mit Thymian und Salbei im Mixer vermischen. Die Filets mit den Kräuterbröseln bestreichen und kurz vor dem Servieren für etwa 2 Minuten unter den Grill stellen (Kruste beobachten).

Inzwischen den Feldsalat so putzen, dass die Röschen zusammenbleiben, waschen und gut abtropfen lassen.

Für das Dressing die gekochte und noch warme Kartoffel fein reiben, die Fleischbrühe, Essig und die beiden Ölsorten zufügen, mit Salz und Pfeffer würzen und mit Crème fraîche verfeinern.

Salat mit dem Dressing vermischen, portionsweise auf Teller verteilen. Die Hähnchenbrustfilets in Scheiben schneiden und um den Salat legen.

Nichts gegen ein gegrilltes und knuspriges Hähnchen vom Grill. Alles zu seiner Zeit, zum Beispiel bei einem zünftigen Volksfest oder beim Hahnenfest in Queidersbach bei Kaiserslautern, das jedes Jahr am zweiten Wochenende im Juli stattfindet und bei dem rund 1 500 Hähnchen verzehrt werden.
Mit dem zarten Fleisch junger Hähnchen aber kann man natürlich noch viel mehr anfangen, zumal es sich durch seinen unaufdringlichen Eigengeschmack ideal mit allen möglichen Zutaten kombinieren lässt.

Schnecken in der Pfanne

4 Frühlingszwiebeln
2 Knoblauchzehen
Salz
150 g Butter
1 EL fein gehackte Petersilie
1 EL Schnittlauchröllchen
Pfeffer aus der Mühle
1 Dose Weinbergschnecken (24 Stück)
etwas Worcestersoße

Die Zwiebeln und den Knoblauch sehr fein hacken und auf einem Brett mit etwas Salz zerdrücken.

Die Butter verrühren und mit der Petersilie, dem Schnittlauch, den Zwiebeln und dem Knoblauch vermischen. Mit Salz und Pfeffer würzen.

Die Schnecken aus der Dose nehmen, abtropfen lassen, in gefettete Schneckenpfännchen legen, mit der Kräuterbutter bestreichen und im Backofen goldbraun überbacken.

Dazu Weißbrot reichen.

Früher waren Weinbergschnecken ein kostenloses Nahrungsmittel. »Sie wachsen im Wingert«, sagte man damals, und wenn die Mutter mit den Kindern in den Weinberg ging, hatte sie im Nu einen Eimer Schnecken eingesammelt. Heute gibt es die Schnecken konserviert zu kaufen.

Portugieser
Weißherbst
halbtrocken
Gimmeldinger
Meerspinne

Spargelcocktail

500 g weißer Spargel
Salz
etwas Zucker
1 Dose Mandarinen
150 g Champignons
150 g gekochter Schinken
100 g Crème fraîche
½ TL Curry
Pfeffer
2 TL Zitronensaft
5 Spritzer Worcestersoße

Zum Garnieren:
einige Salatblätter

Spargel schälen, holzige Enden abschneiden. Spargel in mundgerechte Stücke schneiden und in leicht gesalzenem Wasser, dem etwas Zucker beigefügt ist, etwa 10 Minuten kochen. Abtropfen und etwas auskühlen lassen.

Mandarinen abtropfen lassen. Pilze putzen, waschen und in Scheiben schneiden, Schinken in feine Streifen schneiden.

Crème fraîche, Curry, Salz, Pfeffer, 1 Prise Zucker, Zitronensaft und Worcestersoße verrühren. Mit Mandarinen, Pilzen, Spargel und Schinken mischen.

Salatblätter waschen und abtropfen lassen. Gläser oder Schälchen damit auslegen. Darin den Spargelcocktail anrichten.

Dazu reicht man Baguette und einen trockenen Weißwein.

Wo gut gegessen und getrunken wird, wird auch dem Spargel, dem König der Gemüse, die ihm gebührende Verehrung entgegengebracht. Das heißt, die Feinschmecker verlangen nach ihm, und die Pfälzer Gemüsebauern lassen sich diese ökonomische Chance natürlich nicht entgehen, zumal ihre Böden alle Voraussetzungen für ein hervorragendes Wachstum des Spargels mit sich bringen. Zu einem exzellenten Spargelgericht gehört selbstverständlich auch der adäquate Wein. Ausgezeichnet harmonieren zum feinen Geschmack des Spargels Weißburgunder, Chardonnays oder Silvaner. Bei kräftiger gewürzten Zubereitungen oder bei der Beigabe von Schinken empfiehlt sich ein edler Riesling mit seinen etwas höheren Säurewerten.

Pfalz
1999er
Gewürztraminer

Rotkohlsalat mit Obst

Zutaten für 6–8 Personen

400 g Rotkohl
8 EL Rotwein
2 EL Weinessig
4 EL Orangensaft
3 EL Weingelee
1 TL Salz
Pfeffer
2 Orangen
1 Apfel
2 Bananen
50 g Rosinen
100 g gehackte Walnusskerne
3 EL Traubenkernöl

Die Rotkohlblätter waschen und fein schneiden.

Rotwein, Essig, Orangensaft, Weingelee, Salz und Pfeffer zusammen erhitzen. Heiß mit dem Rotkohl mischen und gut durchziehen lassen.

Orangen schälen, filetieren. Apfel schälen, Kernhaus entfernen, in feine Würfel schneiden. Bananen schälen, in Scheiben teilen.

Orangenschnitze, Apfelwürfel, Bananenscheiben, Rosinen, Walnusskerne und Traubenkernöl unter den Rotkohl mischen.

Niemand kann Rotkohl besser zubereiten, als die Elsässer Bauern, auf deren Feldern er wächst. Das gestehen die Meisterköche Paul und Jean-Pierre Haeberlin von der berühmten »Auberge de l'Ill« neidlos ein. Und ganz sicher könnten sie dieses Lob auch auf die nördlichen Nachbarn in der Pfalz ausdehnen. Das Geheimnis der traditionellen Kochweise besteht im Topf aus Steinzeug, dessen Deckel so viel Dampf entweichen lässt, dass der Kohl nicht im eigenen Saft ertrinken muss.
Aber auch diese Kochweise kann nicht verhindern, dass ein Teil der wertvollen Vitamine des Rotkohls beim Garen zerstört wird. Beim (rohen) Rotkohlsalat aber bleiben alle Vitamine erhalten, was ganz besonders in den Wintermonaten wichtig ist.

Geräucherte Forellenfilets im Tomatenbett

Zutaten für 6 Personen

6 geräucherte Forellenfilets
250 g Tomaten
½ Bund Frühlingszwiebeln
Salz
Pfeffer aus der Mühle
2 EL Olivenöl
1 EL Zitronensaft
4 EL gehackte Kräuter (Kerbel, Dill, Estragon, Petersilie, Schnittlauch)

Forellenfilets auf einer Platte anrichten.

Die Tomaten mit kochendem Wasser übergießen, häuten und in Würfel schneiden. Die Frühlingszwiebeln in feine Ringe schneiden. Mit den Tomatenwürfeln mischen und mit Salz, Pfeffer, Öl und Zitronensaft pikant würzen. 3 Esslöffel gehackte Kräuter untermischen. Restliche Kräuter über die Forellenfilets streuen.

Die Forellenfilets mit der Tomaten-Zwiebel-Mischung umlegen und mit Stangenweißbrot und einem trockenen Müller-Thurgau oder Weißburgunder servieren.

Fisch muss auf Pfälzer Tischen nicht in Wein schwimmen, auch wenn die Forellen »erblich vorbelastet« sind, weil die klaren Bäche der Pfalz oft durch Weinberge fließen. So jedenfalls meinte es einmal eine originelle Werbung für den Wein von der Südlichen Weinstraße.
Aber es geht auch anders, wie zum Beispiel in diesem Rezept der geräucherten Forellenfilets im Tomatenbett. Wichtig ist dabei natürlich, dass die Tomaten über ein typisches Aroma verfügen, so wie es die sonnengereiften Strauchtomaten aus der Pfalz aufweisen. Dann kommt zum reizvollen optischen Eindruck dieser raffinierten Vorspeise auch noch der geschmackliche Genuss hinzu und wer jetzt Lust verspürt, kann sich ja gern ein Glas Pfälzer Weißburgunder genehmigen.

Pfälzer Heringssalat

8 Matjesfilets
3 gekochte Salatkartoffeln
2 säuerliche Äpfel
4 hart gekochte Eier
1 große gekochte Rote Bete
125 g Mayonnaise
3 EL saure Sahne
3 EL Öl
3 EL Weinessig
3 EL gehackte Walnüsse
1 Röhrchen Kapern

Die Matjesfilets 1 Stunde wässern, abtropfen lassen, trockentupfen und in etwa 1 cm große Würfel schneiden.

Die Kartoffeln und Äpfel schälen. Das Kerngehäuse der Äpfel entfernen. Kartoffeln, Äpfel, Eier und Rote Bete fein würfeln.

Für die Sauce die Mayonnaise mit Sahne, Öl und Essig verrühren und abschmecken, mit Walnüssen und Kapern verfeinern.

Sämtliche Zutaten miteinander vermischen und einige Stunden abgedeckt an einem kühlen Platz durchziehen lassen.

Dazu passt am besten Bauernbrot und ein kühles, frisches Bier.

War vor Jahrhunderten der Hering noch ein Arme-Leute-Essen, so ist er heute zur eher teueren Delikatesse geworden. Früher hat man in der Pfalz Heringe einfach deshalb gegessen, weil sie billig waren. Heute liegen die Pfälzer beim Fischverbrauch so ziemlich an letzter Stelle der bundesdeutschen Rangliste.

Der Pfälzer Heringssalat allerdings hat Tradition und erfreut sich vor allem bei Aschermittwochsveranstaltungen großer Beliebtheit. Denn während der Fassenacht fließt der Pfälzer Wein noch kräftiger als sonst. Da kann so mancher Magen am nächsten Tag einen sauer-pikanten Ausgleich gut gebrauchen. Und nicht selten steht auf der Einladung ein Hinweis: »Anmeldung für das Heringsessen erbeten, damit die Heringe reichen.«

Gott

Kürbisrisotto

1 Zwiebel
2 EL Butter
½ l Brühe
½ TL Curry
250 g Vollkornreis
1 kg Kürbisfleisch
1 Tasse Wein
2 TL Essig
2 TL Zucker
Salz
Pfeffer
4 Tomaten
150 g gekochter Schinken
1 Bund Schnittlauch

Die Zwiebel schälen, würfeln und in der Butter anschwitzen. Die Brühe und den Curry dazugeben, aufkochen lassen. Dann den Reis einstreuen und etwa 35 Minuten quellen lassen.

Das Kürbisfleisch grob raspeln und zusammen mit dem Wein, Essig und Zucker 15 Minuten dünsten. Mit Salz und Pfeffer würzen.

Tomaten mit kochendem Wasser überbrühen, häuten, klein schneiden und zum Kürbisfleisch geben.

Den Schinken in Streifen schneiden, zu der Tomaten-Kürbis-Masse geben, dann den gequollenen Reis untermischen.

Schnittlauch in Röllchen schneiden und über den Risotto streuen.

»Kaiser des Gartens« nannten die Chinesen den Kürbis, der allein in Deutschland über 300 Arten zu seiner Familie zählt. Vom leichtgewichtigen Zucchini mit 100 g bis zum Riesenkürbis mit weit über 100 kg reicht die Palette der pflegeleichten Kürbisgewächse.
Kürbisse sind vielseitig verwendbar. Mit ihrem Fruchtfleisch, den Kernen und dem daraus gewonnenen wertvollen Öl lassen sich in der Küche viele schmackhafte Dinge zaubern. Die Pfälzer Köche und Hausfrauen haben sich dem Kürbis mit besonderer Liebe angenommen. Einige Beispiele finden Sie in diesem Buch. Und die geeignete Kürbissorte erhalten Sie im »Kürbis-Paradies« in Herxheimweyher an der Südlichen Weinstraße, wo über 50 verschiedene Arten angeboten werden.

Krautbraten

1 mittlerer Kopf Wirsing (oder Weißkraut)
Salz
4 EL Öl
1 große Zwiebel, gehackt
1 Schweinelendchen (300 g), gewürfelt
200 g Hackfleisch, gemischt
Muskat
1 TL Kümmel
Cayennepfeffer
7 dünne Scheiben Bauchspeck

Vom Krautkopf 8 schöne große Blätter ablösen. Die Blätter 1 Minute in kochendem Salzwasser blanchieren, dann in eiskaltem Wasser abschrecken. Die blanchierten Blätter vom Strunk befreien und in eine gefettete flache Auflaufform legen. 2 Blätter müssen übrig bleiben zum Abdecken. Den Rest des Krautkopfs in feine Streifen schneiden.

Das Öl erhitzen. Gehackte Zwiebeln, Fleischwürfel und Hackfleisch darin anbraten. Das in Streifen geschnittene Kraut zugeben und bei geschlossenem Topf etwa 10 Minuten mitbraten. Dann alles kräftig mit Salz, Muskat, Kümmel und Cayennepfeffer würzen. Die Masse sollte nicht zu trocken sein. Eventuell noch ½ Tasse Wasser angießen.

Die Fleisch-Kraut-Masse in die ausgelegte Auflaufform geben und mit den restlichen Blättern abdecken. Die Speckscheiben darüber legen. Den Krautbraten bei 180 °C etwa 45 Minuten im Ofen garen. Der Speck sollte ganz knusprig sein.

Krautbraten sind vor allem in Süddeutschland beliebt. In Franken behaupten einige Städte, den »echten Krautbraten« erfunden zu haben, wobei es der Bamberger Krautbraten zu den höchsten Ehren gebracht hat. Ihm steht der Pfälzer Krautbraten allerdings in nichts nach. Beide Rezepte verwenden neben Hackfleisch auch noch klein gewürfeltes Schweinefleisch.
Krautbratenrezepte entstanden in der Zeit, in der Weißkohl in den Wintermonaten nahezu täglich auf dem Speiseplan erschien. Der Krautbraten wurde zum Sonn- und Festtagsessen und noch heute zieht ihn mancher Franke und mancher Pfälzer dem richtigen Braten vor.

Pfälzer Flammkuchen

Für den Teig:
400 g Mehl
30 g Hefe
1 Prise Zucker
300 ml Wasser
½ TL Salz
1 EL Öl

Für den Belag:
200 g Zwiebeln
100 g Speckwürfel
250 g Sahnequark
3 Eier
250 g Sahne
Salz
Pfeffer
Muskatnuss

Das Mehl in eine Schüssel sieben. Die Hefe mit Zucker in lauwarmem Wasser auflösen und mit Salz und Öl zum Mehl geben. Alle Zutaten mit dem Knethaken zu einem glatten Teig verarbeiten. Zugedeckt an einem warmen Ort 30 Minuten gehen lassen.

In der Zwischenzeit für den Belag die Zwiebeln schälen, fein schneiden und zusammen mit den Speckwürfeln kurz andünsten. Die Zwiebel-Speck-Masse mit dem Sahnequark, den Eiern und der Sahne gut verquirlen. Mit Salz, Pfeffer und geriebener Muskatnuss würzen.

Den Teig sehr dünn ausrollen und auf ein gut gefettetes, großes Backblech legen (eventuell 2 Backbleche verwenden). Die Füllung auf den Teig streichen und im auf 200 °C vorgeheizten Backofen etwa 30 Minuten knusprig backen.

Den Flammkuchen direkt aus dem Ofen heiß servieren.

Der »Flammkuche« ist eigentlich eine Elsässer Spezialität. Dort ist er auf allen Weinfesten ein kulinarischer Höhepunkt. Kein Wunder, dass die Pfälzer dieses Rezept mit Freuden übernommen haben. Ursprünglich wurde der flache Kuchen im öffentlichen Backhaus oder beim Bäcker in dessen großem Ofen gebacken. Die Flammen züngelten um den Backstein und über den Kuchen, was ihm seinen Namen gab. Noch heute gibt es in vielen Wirtshäusern im Elsass und in der Pfalz offene Holzbacköfen, die vom Gastraum aus zu sehen sind, was das Ganze für die Besucher natürlich noch interessanter macht. Zum Wein schmeckt ein knusprig gebackener und heiß aus dem Ofen auf einem Holzteller servierter »Flammkuche« unwiderstehlich gut.

Gefüllte Klöße

Zutaten für 4–6 Personen

Für den Kartoffelteig:
750 g geriebene rohe Kartoffeln
750 g geriebene gekochte Kartoffeln (vom Vortag)
1 Ei
Salz
etwas Mehl

Für die Füllung:
2 Lauchstangen
1 kleine Zwiebel
Butter zum Anbraten
1 Brötchen, gewürfelt
500 g Rinderhackfleisch
250 g Pfälzer Leberwurst
Salz
Pfeffer

Die geriebenen rohen Kartoffeln in ein sauberes Küchentuch geben und das Kartoffelwasser auspressen. Dann die rohen Kartoffeln mit den gekochten geriebenen Kartoffeln vermengen, das Ei zugeben, salzen. So viel Mehl darunter kneten, dass der Kartoffelteig nicht mehr an den Händen klebt.

Für die Füllung den Lauch putzen und in schmale Streifen schneiden. Die Zwiebel schälen und grob hacken. Lauch und Zwiebelwürfel in einer großen Pfanne in etwas Butter andünsten. Das in Würfel geschnittene Brötchen sowie das Hackfleisch dazugeben und kurz anbraten. Zuletzt die Leberwurstmasse hinzufügen, mit Salz und Pfeffer abschmecken.
Das Ganze gut durchkochen.

Aus dem Kartoffelteig Klöße formen, die mindestens doppelt so groß sind, wie normale Beilagenknödel. Jeweils in die Mitte eine Vertiefung drücken, von der Füllung hineingeben und den Kartoffelteig wieder zum runden Kloß formen. Die gefüllten Klöße in einen großen Topf mit sprudelnd kochendem Salzwasser gleiten lassen. Kurz aufwallen und dann etwa 30 Minuten auf kleiner Flamme ziehen lassen.

Die fertigen Klöße mit einem grünen Salat servieren. Als Getränk schmeckt ein kühles Bier.

Gefüllte Klöße, oder wie man in der Pfalz sagt »gefillte Knepp«, sind in und um Pirmasens beheimatet. Aber auch in der Gegend von Zweibrücken und Kaiserslautern findet man diese Kloßart. Im benachbarten Hunsrück ist sie eine ausgesprochene Spezialität, die bei keinem Fest fehlen darf.
Wie bei so vielen überlieferten Gerichten gibt es auch bei den gefüllten Klößen unzählige Varianten. So können die Klöße nur mit rohen Kartoffeln oder auch mit Kartoffeln und Mehl vermischt hergestellt werden. Für die Füllung sind der Fantasie keine Grenzen gesetzt. Hier bieten sich Bratwürste, Hackfleisch vom Rind oder Schwein, Speckwürfel, angebräunte Brotwürfelchen, Waldpilze und natürlich viele Zwiebeln und Kräuter an.

Lasagne gefüllt mit Basilikumpesto

1 Paket Lasagneblätter
200 g Pinienkerne
150 g Parmesan
250 g Basilikumblätter
1 Knoblauchzehe
200 g kalt gepresstes Olivenöl
Salz
Pfeffer aus der Mühle
Butterflöckchen
etwas Gemüsebrühe

Die Lasagneblätter *al dente* kochen.

Pinienkerne ohne Fett in einer Teflonpfanne goldgelb anrösten. Parmesan sehr fein reiben. Basilikum, Pinienkerne, Parmesan und Knoblauchzehe mit dem Handmixer sehr fein hacken. Mit dem Olivenöl zu einer geschmeidigen Masse verrühren, salzen und pfeffern.

Die Nudelblätter und drei Viertel der Pestomasse abwechselnd in eine feuerfeste Form füllen, die letzte Schicht mit einem Nudelblatt abschließen. Einige Butterflöckchen aufsetzen. Die Lasagne im auf 160 °C vorgeheizten Backofen etwa 12–15 Minuten garen.

Aus dem Ofen nehmen und in 4 Portionen teilen. Auf vorgewärmten Tellern anrichten. Die zurückbehaltene Pestomenge mit etwas Gemüsebrühe verdünnen und zur Lasagne geben. Mit Basilikumblättern und Parmesanspänen verzieren.

Woher dieses Rezept kommt? Natürlich aus der Pfalz. Römische Legionäre haben es vor rund 1800 Jahren nach Italien verschleppt. In der Pfalz geriet es dann in Vergessenheit. Als italienische Gastarbeiter in den fünfziger Jahren des vorigen Jahrhunderts Lasagne-Rezepte mit in die Pfalz brachten, wurde es dort wiederentdeckt. Genauso ging es mit dem »Pesto«, der weltberühmten italienischen Sauce. Solche Geschichten erzählen die Pfälzer gern bei einem Schoppen Wein und zwinkern dabei ein wenig mit den Augen…

FINO

Walnuss-Dinkelreis-Gratin

500 g Möhren
1 Zwiebel
1 EL Walnussöl
250 g polierter Dinkel
⅛ l Weißwein
⅛ l Gemüsebrühe
2 EL Zitronensaft
3 Gewürznelken
1 Lorbeerblatt
200 g Walnusskerne
2 Eiweiß
1 EL Honig

Die Möhren schälen und grob raspeln, die Zwiebel schälen und grob hacken. Beides zusammen in Walnussöl andünsten. Den Dinkel dazugeben, mitdünsten und mit Weißwein, Gemüsebrühe und Zitronensaft auffüllen. Die Gewürznelken und das Lorbeerblatt dazugeben und den Dinkel 15 Minuten quellen lassen.

Die Walnusskerne grob hacken. Das Eiweiß mit dem Honig steif schlagen und mit den gehackten Walnusskernen mischen.

Den Gemüsereis in eine Auflaufform füllen und den Walnuss-Schaum darüber streichen. Im Backofen bei eingeschalteter Oberhitze 5–10 Minuten gratinieren. Die Form mindestens 2 Schienen unter der Oberhitze einschieben, da sonst die Nussmasse leicht zu dunkel wird.

Der Dinkel ist wohl das älteste Getreide der Erde. In der Gegend der heutigen Pfalz wurde er schon in der Jungsteinzeit angebaut. Später wurde er immer mehr vom »dekadenten« Weizen verdrängt, der zunächst nur den wohlhabenden Bevölkerungsschichten vorbehalten war. Heute wird Dinkel vor allem in Süddeutschland wieder vermehrt angebaut und zum Backen von Brot und Kuchen, zum Brauen von Bier oder als Zutat zu Aufläufen verwendet.

In Pirmasens, der Schuhstadt im Pfälzer Wald, hat sich eine Firma auf die Herstellung von Kissen und Matten spezialisiert, die mit Dinkelspelzen gefüllt werden. Dies soll die allgemeine Regeneration fördern, Verspannungen, Kopfschmerzen, Nervosität und Durchblutungsstörungen beseitigen.

Pfälzer Bratwurstkranz

Zutaten für 4–6 Personen

500 g Mehl
20 g Hefe
⅛ l Milch
1 Ei
125 g Butter
Salz
einige grobe Pfälzer Bratwürste
einige Scheiben Räucherspeck, dünn geschnitten
1 Eigelb
Fett für die Form

Mehl in eine Schüssel geben, in die Mitte eine Vertiefung drücken. Die Hefe zerbröckeln, in die Mulde geben und mit der Hälfte der Milch und etwas Mehl einen Vorteig rühren. Zugedeckt an einem warmen Ort etwa 30 Minuten gehen lassen.

Die restliche Milch, das Ei, die weiche Butter und Salz zum Vorteig geben und mit dem gesamten Mehl so lange verkneten, bis sich der glatte Teig vom Schüsselrand löst. Teig zu einer Kugel formen und nochmals 30 Minuten ruhen lassen.

Ein Backbrett mit Mehl bestäuben und den Teig zu einem länglichen Rechteck dünn ausrollen. Die Bratwürste mit den Räucherspeckscheiben umwickeln und längsseits auf das Teigrechteck legen. Die Teigränder übereinander schlagen und zu einem Kranz formen. Das Eigelb verquirlen, den Teig damit bestreichen. Auf ein vorgefettetes Backblech legen und im auf 200 °C vorgeheizten Backofen in etwa 45 Minuten knusprig braun backen.

Heiß servieren. Da Pfälzer Bratwürste in der Regel gut gewürzt sind, empfiehlt sich als Getränk ein leichter Pfälzer Weißwein, etwa ein Müller-Thurgau oder Silvaner.

Der Bratwurstkranz schmeckt auch mit Blätterteig zubereitet hervorragend.

Ohne seine geliebte »Worscht« kann ein Pfälzer nicht leben. Leberwurst, Bratwürste, Schwartenmagen und anderes mehr wird überall und in allen Variationen angeboten. Jeder Metzger hat seine eigenen Rezepte und seine angestammte Kundschaft. »Vor dem Dorscht und nach dem Dorscht – immer schmeckt die Pälzer Worscht« heißt es deshalb folgerichtig.

2000er
Portugieser
Weißherbst
halbtrocken
Gimmeldinger
Meerspinne
Pfalz

Leberkäs'-Rouladen

800 g Lauch
30 g Butter
Salz
Pfeffer
Muskat
3 EL Weißwein
8 große Scheiben Leberkäse (je etwa 3 mm dick)
150 g geriebener mittelalter Gouda

Den Lauch putzen. Das dunkle Grün nicht verwenden. Die Stangen längs aufschneiden, waschen und in 2–3 cm lange Stücke teilen. Mit der Butter in einem geschlossenen Topf 5 Minuten dünsten. Mit Salz, Pfeffer, Muskat und dem Weißwein abschmecken.

Auf jede Leberkässcheibe einen Teil des Lauchs geben, darüber etwas von dem frisch geriebenen Käse streuen. Die Scheiben aufrollen und mit Holzstäbchen feststecken. Nebeneinander in eine gebutterte Auflaufform legen. Den restlichen Käse darüber geben und im Ofen bei 200 °C 15 Minuten goldgelb überbacken.

Dazu passt Kartoffelpüree und ein kühles Bier.

Leberkäs', eine urbayerische Erfindung, in der Pfalz? Dazu muss man wissen, dass die Pfalz über das Herrschergeschlecht der Wittelsbacher über Jahrhunderte mit Bayern verbunden war und zuletzt noch von 1815–1918 zu Bayern gehörte.
Freilich, in der Pfalz beherrscht der Leberkäs' nicht unbedingt den kulinarischen Vormittag, so wie in Bayern. Und wenn einmal Leberkäs', dann isst ihn der Pfälzer nicht immer so, wie er ist, sondern er macht daraus beispielsweise diese originellen Leberkäs'-Rouladen.
Übrigens – in Bayern enthält der Leberkäs' keine Leber. Außerhalb des Freistaates heißt Leberkäse, der keine Leber enthält, Fleischkäse. Und Käse ist hier wie dort auch nicht drin. Das versteh', wer will!

Gefüllte Fleischküchlein mit Laugenkruste

Für die Fleischküchlein:
30 g getrocknete Steinpilze
3 Scheiben Toastbrot
etwas Milch
1 Zwiebel
500 g gemischtes Hackfleisch
2 grobe Pfälzer Bratwürste
1 Ei
Salz

Für die Kräuterbutter:
60 g Butter
3 EL gehackte Kräuter (Petersilie, Dill, Majoran)
1 Spritzer Zitronensaft
½ Knoblauchzehe, zerdrückt
Salz
Pfeffer

Abgeriebene Kruste von
4 Laugenbrötchen
Fett zum Ausbraten

Die Steinpilze in etwas Wasser einweichen, waschen und klein schneiden. Das Toastbrot in wenig Milch einweichen und gut ausdrücken. Die Zwiebel schälen und sehr fein hacken. Alle diese Zutaten mit dem Hackfleisch, der aus der Wursthaut gedrückten Bratwurstfülle und dem Ei vermengen, salzen.

Für die Kräuterbutter alle Zutaten zusammen schaumig rühren, mit Salz und Pfeffer abschmecken und kleine Nocken abstechen. Im Gefrierschrank gut durchfrieren lassen.

Mit dem Fleischteig um jedes Stückchen Kräuterbutter ein Fleischküchlein formen. In der abgeriebenen Laugenkruste wenden und in heißem Fett knusprig ausbraten.

Fast so beliebt wie der Saumagen sind bei den Pfälzern die »Fleeschkischelscher«, ein für Nichtpfälzer kaum aussprechbares Wort! Neben den Fleischküchlein sind in der Pfalz auch die »Fleeschknepp« (Fleischklöße) sehr beliebt. Sie werden in siedender Fleischbrühe gegart und schmecken ausgezeichnet zu einer Meerrettichsauce.

Spargel-Morchel-Ragout

1 kg Spargel
Salz
25 g getrocknete Morcheln
50 g Schalotten
1 EL Butter
4 EL Crème fraîche
Pfeffer
etwas Zitronensaft
250 g roher Schinken

Spargel schälen, in einen passenden Topf geben und mit leicht gesalzenem Wasser auffüllen, bis die Spargel gerade bedeckt sind, einmal aufkochen und noch 20 Minuten ziehen lassen. Die Spargel sollten noch einen leichten Biss haben. Herausnehmen, abtropfen lassen und in etwa 5 cm lange Stücke schneiden. 50 ml Spargelbrühe zur Seite stellen.

Morcheln 3 Stunden einweichen, mit fließendem Wasser gut abspülen und abtropfen lassen. Schalotten fein würfeln und in der Butter anschwitzen, die Morcheln dazugeben und 10 Minuten dünsten. Mit 50 ml Spargelbrühe und der Crème fraîche auffüllen und etwas einkochen lassen. Mit Salz, Pfeffer und Zitronensaft abschmecken, kurz erhitzen, nicht mehr kochen. Die Spargelstücke einlegen.

Mit dem hauchdünn geschnittenen Schinken servieren. Dazu passen neue Kartoffeln.

Dieses Gericht vereint zwei der besten Köstlichkeiten, die auf pfälzischem Boden wachsen: weißer Spargel und Morcheln. Während Spargel von April bis Juni überall in der Pfalz angeboten wird, sind frische Speisemorcheln so rar geworden, wie die Leute, die sie bezahlen können. Die leidenschaftlichen und sachkundigen Pilzkenner, die den bis zu 25 Zentimeter langen Edelpilz aufspüren, haben längst ihre Ablieferungsverträge mit den Sternerestaurants der Region. Andererseits eignet sich kaum ein Pilz so gut zum Trocknen, wie die Morchel. Getrocknete Morcheln bekommen Sie in den meisten Feinkostgeschäften. Sie schmecken fast so aromatisch wie die frischen.

2000er
Portugieser
Weißherbst
halbtrocken
Gimmeldinger
Meerspinne
Guts-
abfüllung
Pfalz
Weingut
HICK-
ESTELMANN
D-67435 NW-
Gimmeldingen

Pfälzer Schales

1 kg mehlig kochende Kartoffeln
¼ Sellerieknolle
500 g Möhren
1 Lauchstange
3 Eier
2 Becher saure Sahne (10 % Fett)
1 TL Salz
Pfeffer
Thymian
Rosmarin
100 g geriebener Emmentaler
100 g Dörrfleisch (geräucherter magerer Schweinebauch)
20 g Butter

Die rohen Kartoffeln, die Sellerieknolle und die Möhren waschen, schälen und grob reiben. Die gesäuberte Lauchstange längs halbieren und in feine Streifen schneiden.

Eier, saure Sahne, Gewürze und die Hälfte des Käses miteinander verquirlen. Das Dörrfleisch fein würfeln, kurz in etwas Butter anbraten. Zusammen mit der Eiermasse unter die Kartoffel-Gemüse-Mischung heben.

Eine Auflaufform ausbuttern, die Masse einfüllen, mit dem restlichen Käse bestreuen und bei 200 °C etwa 50–60 Minuten backen.

Man bringt den Schales in der Form auf den Tisch und serviert dazu traditionell Apfel- oder Birnenkompott. Man kann aber auch einen Salat dazu reichen.

Schales ist eine Saarländer Spezialität, die sich aber längst über die Pfalz bis in den Hunsrück hinein verbreitet hat. Besonders beliebt war das Gericht in den Bergwerksgegenden des Saarlandes, denn die Bergleute brauchten eine kräftige Kost, die nicht allzu sehr den Geldbeutel belastete. Da fast jede Bergmannsfamilie Kartoffelpflanzen im Garten pflegte, war der Schales das ideale Gericht, zumal er auch noch ausgezeichnet schmeckte.
Traditionell wurde Schales in einem gusseisernen Topf zubereitet und dabei die Kartoffelmasse öfter umgedreht. Dadurch bildeten sich am Boden und an den Wänden des Topfes Krusten, Schalen oder Schales, daher der Name des Gerichts. Heute bereitet man Schales einfach in einer feuerfesten Form zu, die man in den Backofen schiebt.

Spinat-Auflauf

750 g Blattspinat
750 g Kartoffeln
2 große Zwiebeln
12 dünne Scheiben geräucherter Speck
Butter für die Form
4 Eier
125 g Sahne
Salz
schwarzer Pfeffer aus der Mühle
geriebene Muskatnuss

Spinat waschen, in einem Topf bei mittlerer Hitze etwa 5 Minuten dünsten, herausnehmen und gut abtropfen lassen. Die Kartoffeln waschen, schälen und in möglichst feine Scheiben schneiden. Die Zwiebeln würfeln. Die Speckscheiben in feine Streifen schneiden.

Eine feuerfeste Form ausbuttern und ein Drittel der Kartoffeln fächerförmig auf den Boden schichten. Darauf jeweils lagenweise ein Drittel des Spinats, der Speckstreifen sowie der Zwiebelwürfel verteilen. Mit der zweiten und dritten Schicht ebenso verfahren.

Die Eier mit der Sahne verquirlen, mit Salz, Pfeffer und Muskatnuss gut würzen und über den Auflauf gießen.

Im auf 220 °C vorgeheizten Backofen etwa 40 Minuten backen. Heiß servieren.

Maurice Messéqué, der berühmte Naturheilkundler aus Nizza, dessen Bücher in den 70er Jahren des vorigen Jahrhunderts Rekordauflagen erzielten, hatte ein einfaches Rezept für ein langes und gesundes Leben: »Gute Laune, tief durchatmen und viel Spinat.«
In der Tat enthalten die dunkelgrünen, glänzenden Blätter des frisch geernteten Spinats zahlreiche wertvolle Vitamine und Mineralstoffe. Der Eisengehalt im Spinat wurde zwar lange Zeit überschätzt, in den letzten Jahren hat man aber einen anderen, für den menschlichen Organismus außerordentlich wertvollen Stoff entdeckt, die Folsäure, von der im Spinat erhebliche Mengen enthalten sind.

Pfälzer Zwiebelkuchen

Für den Teig:
500 g Mehl
30 g Hefe
1 Prise Zucker
⅛ l Milch
75 g Butter
2 Eier
1 Prise Salz
Fett für das Blech

Für den Belag:
300 g gewürfelter Schinkenspeck
750 g Zwiebeln
3 Eier
250 g saure Sahne
1 Prise Salz
1 TL gehackter Kümmel
1 TL edelsüßes Paprikapulver
weißer Pfeffer aus der Mühle

Aus etwas Mehl, der in lauwarmer Milch aufgelösten Hefe und einer Prise Zucker einen Vorteig anrühren, zugedeckt 30 Minuten gehen lassen. Vorteig mit den übrigen Teigzutaten zu einem glatten Teig verarbeiten, zum Ballen formen und nochmals 40 Minuten gehen lassen.

Den fertigen Hefeteig auf einer bemehlten Fläche ausrollen. Ein großes Backblech ausfetten und den Teig darauf legen. Die Ränder etwas hochziehen. Mit einer Gabel mehrmals in den Teig stechen.

Speck und geschälte, in Scheiben geschnittene Zwiebeln kurz anschmoren, etwas abkühlen lassen und auf der Teigplatte verteilen. Eier mit Sahne, Salz, Kümmel, Paprika und Pfeffer vermischen, über die Speckzwiebeln gießen. Den Kuchen etwa 30 Minuten bei 210–220 °C backen.

Noch heiß in Stücke schneiden und servieren.

Im Herbst, wenige Tage nach Beginn der Weinlese, wird das Pfälzer Völkchen so unruhig wie der neue Wein, der in den Fässern zu gären beginnt. Dann duftet es in den Dorfstraßen und Winzergässchen aus vielen Häusern nach Zwiebelkuchen. Auch in den Gasthöfen wird nun für ein paar Wochen der warme »Zwiwwelkuche« mit dem »Neuen« angeboten, und so mancher Gast versucht standhaft, die alte Pfälzer Weisheit außer Kraft zu setzen: »Mer esst net mieh, als met aller Gewalt in ehm neigeht.«
Der Zwiebelkuchen ist zwar im ganzen alemannischen Raum bekannt und beliebt, wird aber nirgends in solchen Mengen verzehrt, wie in der Pfalz. Das mag auch daran liegen, dass in der Pfalz das größte Anbaugebiet für Zwiebeln in Deutschland liegt.

Schwarzwurzel-Gemies

1 kg Schwarzwurzeln
etwas Essig
Salz
1–2 Lauchstangen
150 g roher Schinken
2 EL Butter
2 EL Mehl
¼ l Milch
Pfeffer
Muskat
100 g geriebener Emmentaler
1 EL fein gehackte Petersilie

Die Schwarzwurzeln putzen, schaben und – damit sie schön weiß bleiben – kurz in schwaches Essigwasser legen. Herausnehmen und in 2–3 cm lange Stücke schneiden, dicke Stangen halbieren. 20 Minuten lang in kochendem Salzwasser garen. Auf ein Sieb geben und das Kochwasser zur Seite stellen.

Den Lauch waschen und der Länge nach halbieren, in feine Streifen schneiden. Den Schinken fein würfeln.

Eine Auflaufform ausbuttern, abgetropfte Schwarzwurzeln, Lauch und Schinken abwechselnd einfüllen.

Aus Butter, Mehl, ¼ l Kochwasser (siehe oben) und Milch eine helle Einbrenne herstellen. Mit Salz, Pfeffer und Muskat würzen und über die Schwarzwurzeln gießen. Den geriebenen Emmentaler darüber streuen. Den Auflauf im Backofen bei 180 °C etwa 30 Minuten lang überbacken.

Mit Petersilie bestreuen und servieren.

Die Schwarzwurzel ist die irdische Schwester des himmlischen Spargels. Während der Spargel dem Licht zustrebt, fühlt sich die Schwarzwurzel im Dunkel der nahrhaften Pfälzer Böden ausgesprochen wohl. Hier ist das deutsche Hauptanbaugebiet für Schwarzwurzeln, die man auch Winterspargel nennt, da sie frisch in der Zeit von November bis März angeboten werden.
Viele Feinschmecker schätzen den zarten Wohlgeschmack beider Edelgemüse durchaus gleichwertig ein. Allerdings ist das Vorbereiten der Schwarzwurzeln etwas mühseliger. Beim Abschaben der Wurzeln tritt ein klebriger Saft aus, der die Hände dunkel verfärbt. Daher am besten Küchenhandschuhe anziehen oder die Wurzeln unter fließendem Wasser schaben.

Bäckeove (Bäckerofen)

Zutaten für 6 Personen

400 g Rindfleisch
400 g Schweinefleisch
3 große Zwiebeln
9 große Kartoffeln
1 Knoblauchzehe
Salz
Pfeffer aus der Mühle
Muskatnuss
etwas Butter
½ l trockener Weißwein (Riesling)

Das Fleisch in etwa 2 cm große Würfel schneiden. Die Zwiebeln schälen und grob hacken, die rohen Kartoffeln waschen, schälen und in dünne Scheiben teilen.

Eine feuerfeste Form (mit passendem Deckel) ausfetten und mit der Knoblauchzehe ausreiben. Zuerst ein Drittel der Zwiebeln, dann ein Viertel der Kartoffeln, dann je ein Drittel der Rind- und Schweinefleischwürfel in die Form schichten. Jede Schicht mit Salz, Pfeffer und geriebener Muskatnuss würzen. Mit den restlichen Kartoffelscheiben abschließen. Einige Butterflöckchen auf den Kartoffeln verteilen. Den Wein seitlich angießen und die Form mit einem gut sitzenden Deckel dicht verschließen.

Den Eintopf in den auf 180 °C vorgeheizten Backofen stellen, rund 3 Stunden garen lassen. Dann Deckel abnehmen und in der Terrine sofort heiß servieren.

Dazu schmeckt ein grüner Salat und ein kühler Pfälzer Riesling.

Dieses köstliche Eintopfgericht haben die Pfälzer bei ihren französischen Nachbarn abgeschaut, wo der Elsässer Bäckerofen zu den großen regionalen Spezialitäten gehört.
Es gibt unzählige Varianten, was die Zutaten anbetrifft. So kann das verwendete Fleisch vom Schwein, vom Rind, vom Hammel oder auch gemischt sein. Manche Hausfrauen verwenden zudem Räucherspeck. Auch die Art und Menge der Gewürze ist nicht zwingend festgelegt. Wichtig ist auf jeden Fall aber das langsame Garen im Ofen, das dem Gericht seinen wunderbaren Geschmack gibt.

Kartoffelwaffeln

Zutaten für 4–6 Personen

2 Zwiebeln
1 kg mehlig kochende Kartoffeln
1 Lauchstange
200 g Mehl
4–5 Eier
1 TL Salz
Pfeffer
Muskat
Sonnenblumenöl zum Ausbacken

Die Zwiebeln schälen und fein würfeln. Die rohen Kartoffeln schälen und fein reiben. Den Lauch längs halbieren, waschen und in feine Streifen schneiden. Alle diese Zutaten mit dem Mehl, den Eiern, Salz, Pfeffer und Muskat verrühren.

Waffeleisen erhitzen, leicht mit Sonnenblumenöl einfetten. Den Kartoffelteig portionsweise einfüllen und Waffeln ausbacken.

Dazu passt Kräuterquark oder Apfelmus.

Natürlich gibt es in der Pfalz nicht nur Wein und Wald. Auf den flachen, fruchtbaren Feldern der Rheinebene wächst Gemüse aller Art, darunter auch die wunderbaren Pfälzer Kartoffeln. Mit besonderer Liebe hat sich die Küche in der Pfalz der »Grumbeere«, wie die Kartoffeln hier heißen, angenommen. Und so gibt es Hunderte von Rezeptvarianten mit der gesunden Knolle, von den »Hoorigen Knepp« und »Schneebällchen« über die berühmte »Grumbeeresupp'«, die Eintöpfe und Aufläufe, diverse Kartoffelkuchen bis hin zu diesen originellen Kartoffelwaffeln.
Hunderttausende von Bundesbürgern »knabbern« täglich an Pfälzer Kartoffeln, ohne es zu wissen. Denn die Chips des bekanntesten deutschen Herstellers werden vornehmlich aus Pfälzer Kartoffeln gemacht.

Rumbacher Bachforelle mit Morcheln und Kartoffeln gefüllt

Zutaten für 4–6 Personen

1 große Bachforelle (etwa 1 kg)
200 g Bachforellenfilet (ohne Haut)
Salz
weißer Pfeffer aus der Mühle
1 Ei
½ l Sahne
Saft ¼ Zitrone
2 EL Zwiebelwürfel
120 g Butter
40 g Morcheln
200 g Kartoffelwürfel (fest kochende Sorte)
½ l Weißwein

Die Bachforelle vom Rücken her auslösen (oder schon vom Fischhändler auslösen lassen), gut auswaschen, Seitengräten mit einer Pinzette ziehen. Kalt stellen.

Für die Füllung die Forellenfilets klein schneiden und mit etwas Salz und Pfeffer in der Moulinette anmixen. Das Ei sowie 200 ml Sahne zugeben und untermixen. Die Forellenmasse durch ein feines Sieb streichen, den Zitronensaft unterrühren. Kalt stellen.

1 Esslöffel Zwiebelwürfel in 20 g Butter anschwitzen, dann die gut gewaschenen, grob zerkleinerten Morcheln zugeben, 2 Minuten mitschwitzen. Abkühlen lassen. Die Kartoffelwürfel in wenig Wasser etwa 5 Minuten ankochen, dann abgießen. Nun die Forellenmasse mit den Morcheln sowie den abgekühlten Kartoffelwürfeln mischen und in die mit Salz und Pfeffer gewürzte Forelle füllen.

Die Forelle in eine gefettete Auflaufform legen, den Weißwein angießen, die restlichen Zwiebelwürfel dazugeben, mit Alufolie abdecken. Im auf 180 °C vorgeheizten Backofen etwa 40 Minuten garen.

Aus dem Sud eine Sahnesauce herstellen. Dazu den Forellensud mit der restlichen Sahne auffüllen, etwas einkochen lassen, nach und nach 100 g Butter einrühren. Mit Salz, weißem Pfeffer aus der Mühle und 1 Teelöffel Zitronensaft abschmecken. Sauce passieren und zur Forelle reichen.

Dazu passen feine Gemüsestreifen *al dente* gekocht (Karotten, Lauch, Sellerie). Als Getränk empfehlen wir einen trockenen Pfälzer Weißburgunder.

Wallerfilet unter der Pfälzer Kartoffelkruste auf Meerrettichsauerrahm und marinierten Roten Rüben

Zutaten für 4 Personen

250 g Wallerfilet
Salz
Saft 1 Zitrone
120 g rohe Kartoffeln
Fett zum Anbraten

Für den Meerrettichsauerrahm:
120 g Crème fraîche
80 g Sahne
Saft ½ Zitrone
Salz
Pfeffer
40 g Gemüsemeerrettich
1 Bund Schnittlauch

Für die marinierten Roten Rüben:
250 g gekochte Rote Rüben
2 cl alter Balsamico
2 cl Champagneressig
4 cl Traubenkernöl
Salz
Pfeffer
Zucker

Das Wallerfilet in 4 Portionen teilen, mit Salz und Zitrone würzen.

Die Kartoffeln schälen, auf einer Röstireibe fein hobeln und die Flüssigkeit ausdrücken. Eventuell 1 Esslöffel Kartoffelstärke unterrühren. Mit Salz abschmecken. Die Kartoffelmasse flach auf die Fischfilets streichen.

In einer heißen Teflonpfanne den Fisch auf der Kartoffelseite knusprig anbraten; auf der anderen Seite ebenfalls kurz anbraten und dann auf der Kartoffelseite im Backofen bei 180 °C einige Minuten garen. Wenn der Fisch innen noch leicht glasig ist, mit der Kartoffelseite nach oben warm stellen.

Für den Meerrettichsauerrahm die Crème fraîche in einer Schüssel mit der Sahne glatt rühren. Den Saft einer halben Zitrone dazugeben. Das Ganze mit Salz und Pfeffer abschmecken. Zum Schluss den fein geriebenen Gemüsemeerrettich und den fein geschnittenen Schnittlauch dazugeben.

Inzwischen die Roten Rüben schälen, in Scheiben und dann in 3 mm dünne Streifen schneiden. Die Roten Rüben mit beiden Essigsorten und dem Traubenkernöl marinieren und mit Salz, Pfeffer und einer Prise Zucker abschmecken.

Zum Anrichten die Roten Rüben portionsweise in die Mitte des Tellers geben und das warm gestellte Wallerfilet darauf setzen. Den Meerrettichsauerrahm um den Fisch auf die Roten Rüben einlaufen lassen, sodass eine schöne weiß-rote Marmorierung entsteht.

Mit Schnittlauchhalmen garnieren.

PFALZ
SCHEUREBE
DEUTSCHES WEINTOR

Heilbutt in Weißwein

4 Heilbuttfilets (je etwa 200 g)
Salz
weißer Pfeffer aus der Mühle
Saft 1 Zitrone
1 mittelgroße Zwiebel
1 EL fein gehackte Petersilie
1 EL fein gehackter Dill
½ l leichter Weißwein (Silvaner, Müller-Thurgau)
125 g Sahne
20 g kalte Butter

Die Heilbuttfilets leicht salzen, pfeffern und auf beiden Seiten mit etwas Zitronensaft einreiben.

Die Zwiebel fein hacken und in einer ausgebutterten feuerfesten Form verteilen. Die Fischfilets einlegen, mit Petersilie und Dill bestreuen. Den Weißwein dazugießen und die Form in den auf 200 °C vorgeheizten Backofen geben. Wenn der Wein zum Kochen kommt, den Fisch mit Backfolie abdecken. 10 Minuten weitergaren lassen.

Die Filets vorsichtig herausnehmen, warm stellen. Den Sud durch ein Sieb in einen Topf geben und auf dem Herd bei kräftiger Hitze bis zur Hälfte einkochen lassen. Dann den Topf vom Herd nehmen und den Sud mit der Sahne und der Butter aufschlagen, noch einmal kurz aufkochen lassen, eventuell nochmals würzen, über die Fischfilets gießen und servieren.

Dazu passen feine Nudeln, neue Kartoffeln oder Reis und natürlich ein Glas Pfälzer Silvaner oder Müller-Thurgau.

Überall, wo viel Wein wächst, wird auch viel mit Wein gekocht. Schon die Meisterköche der mittelalterlichen Klosterküchen verstanden sich darauf. Zur höchsten Vollendung haben es in dieser Hinsicht die Franzosen gebracht. Und da es von Frankreich bis in die Pfalz nicht weit ist, fanden sich die entsprechenden Rezepte auch bald in den pfälzischen Küchen wieder.
Eine alte Regel besagt, dass man zum Fisch stets den Wein trinken soll, den man auch zum Garen verwendet hat. Da Sie sicher nicht gern einen minderwertigen Wein trinken, sollten Sie einen solchen auch nicht dem Fisch zumuten.

Gebratener Zander mit Weißburgundersauce, Kürbiskraut und Schlosskartoffeln

4 Zanderfilets (je etwa 150 g)
Salz
Pfeffer aus der Mühle
etwas Mehl
60 g Butter

Für die Sauce:
1 kleine Zwiebel
50 g Butter
80 ml trockener Weißburgunder
300 ml Fischfond
200 ml Sahne
Salz
Pfeffer
20 g kalte Butter

Für das Kürbiskraut:
400 g Kürbisfleisch
1 TL Salz
50 g Butter
1 EL Essig

Für die Schlosskartoffeln:
4 rohe Kartoffeln
Salz
Fett zum Anbraten

Zanderfilets mit Salz und Pfeffer würzen, auf beiden Seiten mit Mehl bestäuben.

Für die Sauce die Zwiebel fein würfeln, in Butter anbräunen, mit dem Weißburgunder ablöschen und mit dem Fischfond auffüllen. Aufkochen lassen und unter ständigem Rühren die Sahne zugeben. Mit Salz und Pfeffer abschmecken. Die Sauce durch ein feines Sieb passieren. Kurz vor dem Servieren die kalte Butter unter die Sauce rühren, aber nicht mehr kochen lassen.

Für das Kürbiskraut das Kürbisfleisch in feine Streifen schneiden, leicht salzen und auf ein Sieb geben, damit die Flüssigkeit abtropfen kann. Dann die Kürbisstreifen in Butter anschwitzen und mit dem Essig verfeinern.

Die Kartoffeln schälen, oval zuschneiden, in Salzwasser blanchieren, abtropfen lassen und in Fett anbraten.

Die vorbereiteten Zanderfilets kurz in Butter anbraten und mit der Sauce, dem Kürbiskraut und den Kartoffeln anrichten.

Dazu passt natürlich am besten ein trockener Weißburgunder.

Der zur Familie der Barsche zählende Zander ist ein Süßwasserfisch von empfindlicher Natur. Er stellt besondere Ansprüche an die Umweltbedingungen unter Wasser. Im Aussehen ähnelt er dem Hecht und ist wie dieser ein äußerst schneller Räuber. Seit einigen Jahren kommt der Zander bei uns wegen seines festen und schmackhaften Fleisches immer häufiger auf den Tisch. Da er sich auch in Teichanlagen züchten lässt, steht er heute jederzeit und in genügenden Mengen zur Verfügung.

Lammkoteletts mit Kruste von Erdesbacher Ziegenkäse

12 Lammkoteletts (je 80–90 g)
Fett zum Anbraten
Pfeffer
Salz
Semmelbrösel von 2 entrindeten Brötchen
1 EL glatte Petersilie, fein gehackt
1 EL Kräuter (Thymian, Salbei, Rosmarin), fein gehackt
100 g Ziegenkäse
125 g Butter

Die Lammkoteletts im heißen Fett auf beiden Seiten kurz scharf und goldbraun anbraten. Aus der Pfanne nehmen, auf ein Blech legen, beidseitig pfeffern und salzen.

Semmelbrösel, Petersilie und Kräuter mit dem Ziegenkäse in einem Mixer zerkleinern, eventuell noch etwas nachsalzen. Die Masse mit der zimmerwarmen Butter verkneten und eine Rolle von etwa 5 cm Durchmesser formen, in Folie wickeln und kalt stellen.

Die Rolle in 12 Scheiben schneiden, die Lammkoteletts damit belegen und im auf 200 °C vorgeheizten Backofen 6–7 Minuten überbacken, bis die Kruste goldbraun ist.

Dazu passt hervorragend ein Ragout von Tomaten, Zucchini und weißen Bohnen.

Erdesbach, woher der köstliche Ziegenkäse für diese Lammkoteletts stammt, ist ein kleiner Ort im Pfälzer Bergland. Hier verläuft die ehemalige Bahntrasse von Altenglan bei Kusel über Lauterecken bis nach Staudernheim an der Nahe. Heute kann man auf dieser Bahnstrecke das romantische Glantal auf eine ganz besonders originelle Art erkunden: die rund 40 Kilometer können nämlich mit einer Fahrraddraisine durchfahren werden. Vier Erwachsene haben darauf Platz, wobei die beiden vorne Sitzenden die Antriebspedale bedienen müssen. Wer in Altenglan startet, kann nach wenigen Kilometern in Erdesbach eine Rast einlegen und sich mit kräftigem Bauernbrot und Ziegenkäse stärken.

BASILIKUM
QUEEN VICTORIA
BASILICO
BASILICO

Pilz-Rouladen

250 g Steinpilze
1 Zwiebel
30 g Butter
Salz
Pfeffer
1 TL Zitronensaft
1 EL fein gehackte Petersilie
4 dünne Kalbsschnitzel
125 g Sahne
¼ l Weißwein (Riesling)

Steinpilze putzen, fein würfeln. Zwiebel schälen, fein hacken. Pilze und Zwiebeln in Butter leicht anrösten. Mit Salz, Pfeffer und Zitronensaft würzen, Petersilie untermischen.

Die Kalbsschnitzel leicht salzen, mit der Pilz-Zwiebel-Masse bestreichen, aufrollen und mit Holzspießchen zusammenhalten.

Die Schnitzel in eine gebutterte Form legen. Mit einer Mischung aus Sahne, Wein und eventuell verbliebenem Pilzfond übergießen. Im vorgeheizten Backofen bei 220 °C etwa 15 Minuten garen.

Dazu passen feine Nudeln.

Der Steinpilz ist der Pilzkönig im Pfälzer Wald. Leider ist er nicht immer erhältlich. Ersatzweise können Sie dann die Pilz-Rouladen auch mit Zuchtchampignons, die das ganze Jahr über angeboten werden, füllen.

Riesling
Auslese
trocken
Pfalz
Erzeuger-
abfüllung
Weingu
HICK-
ESTELM
D-67435 Neu
Gimmeldingen
Kurpfalzstraße
Telefon
(0 63 21) 61 73

Gegeizter Kalbsbraten

1 kg Kalbsbraten aus der Nuss
Salz
Pfeffer
6 EL feiner Senf
150 g ungeräucherter Speck in feinen Scheiben
2 große Zwiebeln
200 ml Pfälzer Weißwein
3 kleine Estragonzweige
200 g Sahne
½ Tasse Bratenfond

Das Fleisch gut mit Salz und Pfeffer einreiben. Die Hälfte des Senfes darüber streichen. Die Speckscheiben um den Braten wickeln (Kalbfleisch ist trocken) und den restlichen Senf darauf verteilen.

Die Zwiebeln schälen, in grobe Ringe schneiden und in einen gusseisernen Bräter legen. Den Weißwein angießen. Das Fleisch auf die Zwiebeln setzen und den Braten in den auf 170 °C vorgeheizten Ofen schieben. Die Estragonzweige dazugeben. Etwa 1½ Stunden bei dieser Hitze braten und immer wieder mit dem Saft begießen. Eventuell noch etwas Wein zugeben. Nach etwa 1 Stunde ein Viertel der Sahne über den Braten gießen. Diese Prozedur bis zum Ende der Garzeit wiederholen, bis die Sahne aufgebraucht ist.

Den Braten aus der Form nehmen und warm stellen. Den Bratensaft abseihen, fertigen Bratenfond zugeben und zusammen aufkochen.

Das Fleisch in feine Scheiben schneiden. Es schmeckt vorzüglich zu einer großen Gemüseplatte.

In manchen ländlichen Gegenden der Pfalz kennt man noch den »gegeizten Kalbsbraten«. Dabei hat »geize nix mit geizisch zu du. Dess hääßt, mit Senf eireiwe!« Woher allerdings dieser seltsame Ausdruck kommt, lässt sich nicht mehr aufklären.

1996er
Gimmeldinger
Meersp
Riesling
Auslese
trocken
Pfalz

Schweinekotelett mit Mirabellen

4 Schweinekoteletts (je 150 g)
Salz
Pfeffer
etwas Mehl
30 g Butterschmalz
250 g kleine Zwiebeln
250 g entsteinte Mirabellen (frisch oder aus dem Glas)
⅛ l Weißwein
1 Prise Chilipulver
1 Prise gemahlener Ingwer

Die Koteletts salzen, pfeffern, in Mehl wenden und im heißen Butterschmalz von beiden Seiten etwa 6 Minuten anbraten. Herausnehmen und auf einer Platte warm stellen.

Die kleinen Zwiebeln schälen, eventuell halbieren, in die Pfanne geben und kurz anschmoren. Dann die Mirabellen, den Wein sowie die Gewürze zufügen und weitere 5 Minuten schmoren lassen. Nochmals abschmecken und heiß zu den Koteletts servieren.

Dazu passt Reis und grüner Salat.

Da behaupten doch tatsächlich einige, die glauben, es wissen zu müssen, dass die Wiege der abendländischen Esskultur in der südlichen Pfalz gestanden hat. Und zwar in der Nähe von Edenkoben. Jawohl, hier und nicht in Rom, Florenz, Neapel und schon gar nicht in Versailles oder Lyon. Die bei Edenkoben gefundenen Knochen und Gerätschaften sollen eindeutig beweisen, dass man hier schon gegrillte Spanferkel und Schweinekoteletts kannte, lange bevor irgendwo sonst in Europa jemand etwas Ähnliches gegessen hätte.

2000er
Guts-
abfüllung
Pfalz

Sauergulasch »Landfrauen Art«

Zutaten für 4–6 Personen

Für die Marinade:
¼ l trockener Rotwein
⅛ l Rotweinessig
¼ l Wasser
1 Zwiebel, gewürfelt
1 Lorbeerblatt
2 Pfefferkörner
2 Nelken

Für das Gulasch:
750 g Rindfleisch
1 Zwiebel
Öl zum Anbraten
1 Knoblauchzehe
Salz
Pfeffer
Oregano
Rosmarin
Thymian
¼ l Rinderbrühe
⅛ l trockener Rotwein
etwa 1 TL Mehl
100 g Crème fraîche

Für die Marinade alle Zutaten mischen und aufkochen lassen.

Das Rindfleisch in 1–2 cm große Würfel schneiden und mit dem abgekühlten Sud übergießen. 1–2 Tage ziehen lassen.

Danach das Fleisch aus der Marinade nehmen und gut abtrocknen. Mit der gewürfelten Zwiebel nacheinander in Öl anbraten. Die gehackte Knoblauchzehe sowie die Gewürze zugeben. Mit der Rinderbrühe ablöschen und alles zusammen 45 Minuten schmoren lassen. Den Rotwein zugeben.

Das Mehl mit der Crème fraîche vermischen und in die Sauce einrühren, nochmals aufkochen lassen.

Dazu passen Kartoffelklöße oder Teigwaren, grüner Salat und ein trockener Rotwein, zum Beispiel ein Pfälzer Dornfelder.

Die unzähligen Variationen, die das ursprünglich ungarische Hirtengericht im Laufe der Jahrhunderte erfahren hat, werden hier um eine weitere Nuance bereichert. Das Rindfleisch wird zunächst in – hoffentlich – Pfälzer Rotwein und Rotweinessig mariniert und gibt dem Gericht eine ausgesprochen pikante Note.

Portugieser-Geschnetzeltes

600 g Schweinegeschnetzeltes
Butter zum Anbraten
Salz
Pfeffer
Kräuter der Provence
3 kleine Zwiebeln
1 Salatgurke oder Zucchini
etwas Mehl zum Binden
⅛ l Fleischbrühe
⅛ l trockener Portugieser
1 EL Tomatenmark
125 g Crème fraîche
1 Bund Dill

Das Schweinegeschnetzelte portionsweise in der heißen Butter anbraten, mit Salz, Pfeffer und den Kräutern würzen. Aus der Pfanne nehmen und warm stellen.

Zwiebeln schälen, klein hacken und ebenfalls anbraten. Salatgurke schälen, Kerne entfernen, würfeln, kurz andünsten. Ganz wenig Mehl darüber stäuben und mit der Fleischbrühe ablöschen. Das Fleisch zugeben, mit dem Portugieser auffüllen, aufkochen lassen.

Tomatenmark mit der Crème fraîche verrühren und das Geschnetzelte damit binden. Den Dill fein hacken und darüber streuen.

Die Pfalz ist das größte oder auch zweitgrößte Weinanbaugebiet Deutschlands. Man streitet sich da um ein paar Rebstöcke mehr oder weniger mit Rheinhessen herum. Was soll's? Auf jeden Fall versteht es sich von selbst, dass in der Pfalz viel mit Wein gekocht wird.
Der Portugieser-Wein verleiht diesem Gericht einen köstlichen Geschmack, der natürlich noch verstärkt wird, wenn man ein Gläschen dieses Rotweins dazu trinkt.
Die Portugieser-Rebe wurde 1772 durch Freiherr von Fries aus Portugal nach Österreich eingeführt, wo sie heute noch die führende rote Rebsorte ist. 1860 wurde sie erstmals in der Pfalz angepflanzt. Mittlerweile sind über zehn Prozent der Pfälzer Rebflächen mit dieser Sorte, die samtig-milde Weine hervorbringt, bewachsen.

Gefülltes Schweinefilet

12 getrocknete Pflaumen ohne Stein
⅛ l trockener Weißwein
2 Schweinefilets (je 300 g)
Salz
Pfeffer
2 mürbe Äpfel
1 EL Mehl
50 g Butter
¼ l heiße Fleischbrühe
⅛ l Sahne

Die Pflaumen mit dem Weißwein übergießen und 2 Stunden zugedeckt marinieren.

Die Schweinefilets der Länge nach tief einschneiden, auseinander drücken und mit Salz und Pfeffer würzen.

Äpfel schälen und achteln, dabei das Kernhaus entfernen. Pflaumen abgießen, Flüssigkeit zur Seite stellen. Apfelstücke mit den Pflaumen mischen. Auf eines der Schweinefilets verteilen, zweites Filet darüber legen. Mit Küchengarn zusammenbinden. In Mehl wenden.

Das gefüllte Filet in Butter auf beiden Seiten anbraten. Die Fleischbrühe und die Einweichflüssigkeit zugeben, zugedeckt etwa 20 Minuten schmoren lassen, dabei das Fleisch einmal wenden. Die Sauce mit der Sahne verfeinern.

Dazu passt hervorragend ein Kartoffelgratin.

Schon wieder Wein zur Zubereitung eines Essens? Ja, es gilt halt die alte Pfälzer Küchenregel: »Die Hälfte der Flasche in die Soß', die andere in den Koch.« Außerdem – vom Alkohol des Weines bleibt nach dem Erhitzen ohnehin so gut wie nichts mehr übrig.

Pfälzer Saumagen

Zutaten für 8 Personen

1 küchenfertiger Saumagen (beim Metzger bestellen)
Salz
500 g Schweinekamm ohne Knochen
500 g magerer Schweinebauch
2 größere Zwiebeln
500 g gekochte Kartoffeln
100 g Butterschmalz
375 g Bratwurstfülle
3 Eier
2 eingeweichte Brötchen
schwarzer Pfeffer aus der Mühle
1 EL Majoran
1 EL Thymian
1 TL gehackter Kümmel
1 Prise geriebene Muskatnuss
1 Prise gemahlener Piment
1 Bund Suppengrün für den Sud

Den Saumagen über Nacht in leicht gesalzenes Wasser legen. Am nächsten Tag innen und außen gründlich unter fließendem Wasser abspülen, gut abtrocknen, mit Salz einreiben.

Schweinekamm und Schweinebauch in kleine Würfel schneiden. Zwiebeln schälen und fein hacken. Kartoffeln in möglichst kleine Würfel schneiden.

Die Hälfte des Butterschmalzes in einem Topf erhitzen, Fleisch- und Zwiebelwürfel darin kräftig anbraten, dann die Kartoffeln dazugeben und etwa 5 Minuten mitschmoren. Topf vom Herd nehmen, Masse abkühlen lassen, dann mit Bratwurstfülle, Eiern, den gut ausgedrückten Brötchen, Salz und allen anderen Gewürzen vermischen. Die Füllmasse kräftig miteinander verkneten, damit sie gut zusammenhält.

Füllung in den Saumagen geben, dabei den Magen nicht zu prall füllen, damit er nicht platzt. Die Öffnungen mit Küchengarn zubinden.

Den Magen gleichmäßig, aber nicht zu fest in eine Serviette binden. Mit dem geschnittenen Suppengrün in einen Topf mit leicht gesalzenem Wasser geben und etwa 3 Stunden sieden, aber nicht kochen lassen. In der Serviette abkühlen lassen.

Den abgetropften und abgetrockneten Saumagen in einer Pfanne im restlichen Butterschmalz ringsum braun braten. Bratensatz mit etwas Kochbrühe loskochen, abschmecken und als Sauce zu dem in Scheiben geschnittenen Saumagen servieren.

Dazu gibt es Weinsauerkraut und deftiges Bauernbrot.

Rotwein
Edelstahl 18/10

Donnersberger Dunkelbierragout mit Rübenpüree

Zutaten für 4–6 Personen

500 g Zwiebeln
Butterschmalz zum Anbraten
1 kg Rinder- und Schweinegulasch
2 EL mildes Paprikapulver
etwa 1 l Dunkelbier
1 EL Senf

Für das Gulaschgewürz:
1 Knoblauchzehe, zerdrückt
abgeriebene Schale ¼ Zitrone
1 EL Majoran
½ TL Kümmel
½ TL scharfes Paprikapulver
1 walnussgroßes Stück Butter
Salz
Pfeffer

Für das Rübenpüree:
500 g Kohlrabi
100 g Sahne
50 g frisch geriebener Parmesan
Salz
Pfeffer
frischer Meerrettich

Zwiebeln in Scheiben schneiden und in Butterschmalz anbraten. Wenn sie gut gebräunt sind, aus dem Topf nehmen, weiteres Butterschmalz in den Topf geben und darin das Fleisch in 4 bis 5 Portionen anbraten. Die Zwiebeln wieder zugeben, Paprikapulver darüber stäuben und mit dem Dunkelbier ablöschen. Die angegebene Biermenge ist nur ein Richtwert. Das Fleisch soll in dem Bier gegart werden. Ist das Bier sehr herb, mischt man es mit Malzbier oder Fleischbrühe. Gegen Ende der Garzeit sollte das Ragout schön glänzend und dunkel sein, die Soße fast sirupartig eingedickt, auf jeden Fall nicht zu flüssig. Den Senf unterrühren.

Für das Gulaschgewürz alle Zutaten miteinander verkneten. Mit einem Messer klein hacken und damit das Gulasch würzen.

Für das Rübenpüree die Kohlrabi schälen, in Scheiben schneiden und in wenig Wasser gar kochen. Das Wasser bis auf 4 Esslöffel abschütten, die Sahne und den Käse zugeben. Alles mit dem Mixstab pürieren. Mit Salz und Pfeffer abschmecken. Ist das Püree zu dünn, noch etwas Parmesan zugeben.

Das Gulasch in hitzefeste Gratinformen oder Teller geben. Etwas frisch geriebenen Meerrettich darüber streuen und das Rübenpüree dünn darauf verteilen. Im Backofen bei starker Oberhitze kurz überbacken.

Dieses Rezept stammt aus dem Donnersbergkreis, einer landschaftlich sehr reizvollen Region im Städtedreieck Mainz-Worms-Kaiserslautern gelegen. »In der Pfalz ganz oben« lautet der griffige Slogan des Kreises, denn der Donnersberg ist mit 687 Meter Höhe die höchste Erhebung der Pfalz.

Entenbrüstchen in Weintraubensauce

2 Entenbrustfilets (je 300 g)
Salz
Pfeffer
½ EL Traubenkernöl
200 g kernlose Trauben
⅛ l halbtrockener Riesling
½ EL Zitronensaft
3 TL Zucker
1 TL Speisestärke

Die Entenbrustfilets salzen, pfeffern und in Traubenkernöl auf beiden Seiten anbraten, dabei zuerst auf der Hautseite. Die halbierten Trauben zugeben und im Bratfett kurz anbraten. Mit dem Weißwein ablöschen. Mit Zitronensaft, Zucker, Salz und Pfeffer würzen. Zugedeckt etwa 15 Minuten schmoren lassen.

Die Speisestärke mit etwas Wasser anrühren und damit die Sauce binden. Nochmals 5 Minuten köcheln lassen.

Die Entenbrustfilets in dünne Scheiben schneiden und mit der Sauce servieren. Dazu passen Kroketten oder Nudeln.

Neben der im November obligatorischen, mit Kastanien gefüllten Martinsgans, stand auch die Ente schon immer hoch im Kurs der Pfälzer. Entenbrüstchen gibt es heute in jedem Supermarkt fertig vorbereitet zu kaufen. Aus dem zarten Fleisch lassen sich raffinierte und wohlschmeckende Gerichte zubereiten, wie zum Beispiel die Entenbrüstchen in Weintraubensauce.

Rieslinghähnchen

Zutaten für 4–6 Personen

2 küchenfertige Hähnchen
Salz
Pfeffer aus der Mühle
3 Knoblauchzehen
30 g Fett
2 EL Cognac
2 Zwiebeln
400 g Champignons
2 EL Estragonblättchen
2 EL gehackte Petersilie
½ l Weißwein (Riesling)
125 g Sahne
4 Eigelb

Die Hähnchen tranchieren und vom Knochen lösen. Das Fleisch salzen, pfeffern und mit zerdrücktem Knoblauch mischen. Etwas Fett erhitzen und die Hähnchenteile anschmoren. Mit dem Cognac flambieren.

Zwiebeln schälen und grob hacken, Champignons putzen und in feine Scheiben schneiden. Beides im restlichen Fett anbraten. Estragonblättchen und Petersilie kurz mitschwitzen.

Das Fleisch und die Zwiebel-Champignon-Mischung in einen Topf geben, mit dem Wein auffüllen und etwa 40 Minuten bei milder Hitze schmoren lassen. Sahne mit Eigelb vermischen und nach Ende der Garzeit in die Weinsauce einrühren. Nochmals kurz erhitzen, aber nicht mehr aufkochen lassen.

Mit körnig gekochtem Reis oder Kartoffeln servieren. Als Wein ist ein trockener Riesling zu empfehlen.

Überall in der Pfalz, im benachbarten Saarland und im Elsass steht der »Woi-Gockel«, das »Hähnchen in Wein« oder auch der »Coq au Vin« auf den Speisekarten. Ob die folgende, in der Pfalz gern erzählte Geschichte stimmt, wollen wir lieber nicht ernsthaft nachprüfen. Danach soll nämlich vor über 200 Jahren ein Pfälzer Bauernsohn eine Freundin aus dem Elsass gehabt haben. Diese aß bei ihren Besuchen in der Pfalz gern den Pfälzer »Woi-Gockel«, den die Großmutter des jungen Mannes so vortrefflich zuzubereiten verstand. Die Liebe hatte allerdings nicht allzu lange Bestand. Das Mädchen heiratete später einen Elsässer Gastwirt, dem sie vom Pfälzer »Woi-Gockel« erzählte. So entstand der inzwischen weltberühmte »Coq au Vin«.

Perlhuhnbrust mit Kastaniensauce

10 Esskastanien
50 g Butter
1 TL Zucker
¼ l Gemüsefond
100 g Sahne
Salz
Pfeffer
2 cl Pfälzer Weinbrand
1 TL gehackter Thymian
8 Perlhuhnbrüste
Fett zum Anbraten

Die Kastanien seitlich leicht einritzen und so lange in den heißen Backofen legen, bis die Schalen aufspringen. Aus den Schalen lösen. Kastanien in einem Topf mit reichlich Wasser bedecken und weich kochen.

Die Butter erhitzen, die abgetropften Kastanien mit dem Zucker darin glasieren. Den Gemüsefond und die Sahne angießen, aufkochen lassen. Die Kastaniensauce durch ein Sieb in einen Topf streichen, nochmals erhitzen und mit Salz, Pfeffer, Weinbrand und Thymian würzen.

Die Haut der Perlhuhnbrüste leicht einschneiden, mit Salz und Pfeffer würzen. Das Fleisch im heißen Fett etwa 2 Minuten auf jeder Seite anbraten, ruhen lassen. In Butter nochmals kurz nachbraten, dann in feine Scheiben schneiden und mit der Sauce servieren.

In Frankreich wird das Perlhuhn bereits seit längerem von Feinschmeckern hoch geschätzt. Inzwischen erobert es auch mehr und mehr die Speisekarten der Pfälzer Gastronomen.
Das Perlhuhn stammt ursprünglich aus Afrika, wo es heute noch in freier Wildbahn lebt. Bereits die Römer schätzten das zarte Fleisch des Geflügels, das auch auf den Tischen der mittelalterlichen Fürstenhäuser häufig anzutreffen war. Heute liegt Perlhuhnfleisch wieder voll im Trend, denn es bietet neben dem unverwechselbaren Geschmack auch zahlreiche ernährungsphysiologische Vorteile. So ist es mit 135 Kalorien pro 100 Gramm Fleisch eine der kalorienärmsten Fleischsorten überhaupt.

Wildgulasch mit Hoorige Knepp (rohe Kartoffelklöße)

Für das Gulasch:
750 g fett- und sehnenfreies Wildfleisch
Fett zum Anbraten
2 Zwiebeln, grob gehackt
2 Möhren, grob gewürfelt
2 EL Selleriewürfel
200 g Waldpilze (ersatzweise Champignons), geschnitten
¼ l Fleischbrühe
¼ l Rotwein (Portugieser)
Salz
Pfeffer
Wildgewürz
5 Wacholderbeeren
je ½ TL Rosmarin und Thymian
200 g Sauerkirschen (Glas)
2 EL Cognac
geriebene Muskatnuss

Für die Klöße:
1 kg geschälte rohe Kartoffeln
500 g geschälte gekochte Kartoffeln
125 g Weckmehl
3 Eier
3 EL Mehl
Salz
etwas Butter

Das Wildfleisch in 1–2 cm große Würfel schneiden und im heißen Fett kurz und scharf anbraten. Herausnehmen und warm stellen.

Die Zwiebeln in der gleichen Pfanne anbraten, Möhren, Sellerie und Pilze hinzufügen und mitschmoren. Zusammen mit dem Wildfleisch in einen größeren Topf oder Bräter geben. Brühe und Wein angießen. Mit Salz, Pfeffer und Wildgewürz abschmecken, Wacholderbeeren, Rosmarin und Thymian zugeben. Alles etwa 40 Minuten bei milder Hitze garen (die Flüssigkeit sollte sich auf die Hälfte reduzieren).

Die abgetropften Sauerkirschen in den Topf geben und vorsichtig untermischen. Mit dem Cognac verfeinern, mit Salz, Pfeffer und Muskatnuss nachwürzen.

Für die Kartoffelklöße die rohen Kartoffeln reiben und gut auspressen. Die gekochten Kartoffeln ebenfalls reiben. Die Kartoffeln mit Weckmehl, Eiern, Mehl und etwas Salz zu einem Teig verkneten. Mit nassen Händen Klöße formen und in siedendem Salzwasser 20 Minuten ziehen lassen. Gut abtropfen lassen und mit gebräunter Butter übergießen.

Rebhühner auf Pfälzer Art

4 küchenfertige Rebhühner
Salz
weißer Pfeffer
250 g hauchdünne Speck-scheiben
80 g Butterschmalz
60 g Räucherspeck
100 g Weißbrotwürfel
4 EL Weinbeeren
250 g saure Sahne
20 g Speisestärke

Rebhühner waschen und mit Küchenkrepp trockentupfen, innen und außen mit Salz und Pfeffer einreiben. Speckscheiben umlegen und mit Küchengarn festbinden.

Butterschmalz in einer großen Bratpfanne erhitzen, die Rebhühner einlegen und von allen Seiten kräftig anbraten. Dann den gewürfelten Räucherspeck und die Weißbrotwürfel zugeben. Etwa 1 Tasse heißes Wasser angießen und die Rebhühner unter gelegentlichem Wenden garen.

Rebhühner aus der Pfanne nehmen. Den Bratensatz mit etwas Wasser loskochen, Weinbeeren zugeben. Sahne mit Speisestärke verquirlen, in die Sauce rühren und einmal aufkochen lassen. Die Sauce durch ein Sieb streichen, abschmecken und zu den auf einer vorgewärmten Platte angerichteten Rebhühnern reichen.

Dazu gibt es Kartoffelkroketten und Weinsauerkraut.

Die unscheinbaren Fasanenvögel mit dem braunen Fleck auf der Brust waren einst in der rebenreichen Pfalz häufig anzutreffen. Heute haben sie eher Seltenheitswert und werden in der Regel importiert. Der Name des Tieres leitet sich allerdings nicht von der Weinrebe, sondern vom althochdeutschen Wort für braun, »reba«, ab. In der Pfalz pflegt man die Rebhühner ohnehin nicht als solche zu bezeichnen. Hier heißen sie »Feldhühner« oder »Feldhinkele«. Die Kochbuchautorin Mathilde Jung schwärmt in ihrem Küchenbrevier »Eine Landschaft kocht«: »Sie sind in ihrer Zartheit und ihrem Duft nach Herbst und Wein und Wald eines der köstlichsten pfälzischen Gerichte.«

Pfälzer Dippehas

Zutaten für 6 Personen

1 küchenfertiger Wildhase
(etwa 2 kg)
Salz
schwarzer Pfeffer aus der Mühle
500 g magerer Schweinebauch
40 g Schweineschmalz
3 Zwiebeln
1 Karotte
1 Stückchen Sellerieknolle
½ Petersilienwurzel
1 EL Mehl
¼ l kräftiger Rotwein
⅛ l Fleischbrühe
2 EL Essig
1 EL Johannisbeergelee
1 Prise gemahlener Piment
1 Prise zerriebener Thymian
1 Lorbeerblatt

Den Hasen in 8 bis 10 Stücke zerlegen (am besten gleich beim Einkauf erledigen lassen). Kalt abspülen, mit Küchenkrepp trockentupfen, salzen und pfeffern. Den Schweinebauch in Würfel schneiden.

Schweineschmalz in einem Bräter mit dicht schließendem Deckel erhitzen. Nacheinander die Hasenstücke scharf anbraten und wieder herausnehmen. Nun die Fleischwürfel einlegen und rundum anbräunen, salzen und pfeffern. Die geschälten und fein gewürfelten Zwiebeln, Karotte, Sellerie und Petersilienwurzel zugeben und bei mäßiger Hitze mitbraten. Das Mehl darüber stäuben und mit einer Marinade aus Rotwein, Fleischbrühe, Essig, Johannisbeergelee, Piment, Thymian und Lorbeerblatt ablöschen. Die Hasenstücke einlegen. Den Topf dicht schließen. Den Dippehas im vorgeheizten Backofen in 80–90 Minuten bei 175 °C schmoren.

Dazu kann man Teigwaren oder Kartoffelklöße (in der Pfalz »Schneebällchen« genannt) und frischen Salat reichen.

Dieses am Rhein und auch in Hessen sehr beliebte Gericht wurde früher traditionell in einem gusseisernen Topf, einem »Dippe« oder »Dibbe«, zubereitet. Heute geht es genauso gut im Römertopf. Wichtig ist, dass der Deckel des Topfes gut schließt, damit der Wein und die Gewürze intensiv auf das Fleisch einwirken können.
In der Pfalz serviert man zum Dippehas auf jeden Fall »Schneebällchen«, jene zarten Kartoffelklöße, von denen die Einheimischen sagen, es sei die »zarteste Kartoffelschöpfung« aller Zeiten. Wie man »Schneebällchen« zubereitet, können Sie auf Seite 132 nachlesen.

Schneebällchen

800 g Kartoffeln (mehlige Sorte)
3 Eier
150 g Mehl
2 EL Grieß
1 TL Salz
1 Prise Muskatnuss
1 TL getrockneter Majoran
2 EL Semmelbrösel
50 g Butter

Die Kartoffeln am Vortag mit der Schale kochen, schälen und durch die Kartoffelpresse drücken.

Am nächsten Tag mit den Eiern, Mehl, Grieß und den Gewürzen zu einem geschmeidigen Teig kneten, der nicht kleben darf.

In einem großen Topf reichlich Salzwasser zum Kochen bringen. Kleine Klöße formen und im siedenden Salzwasser so lange garen, bis sie an die Oberfläche schwimmen. Die Klöße mit einem Schaumlöffel herausheben und abtropfen lassen.

Die Semmelbrösel in Butter goldgelb rösten und über die Schneebällchen geben.

Schneebällchen sind eine ausgezeichnete Beilage zu Braten mit Sauce.

Die »zarteste Versuchung, seit es Kartoffeln gibt«. So deklarieren die Pfälzer ihre »Schneebällchen«, diese lockeren Kartoffelklöße, die die leichte und luftige Konsistenz von frisch gefallenen Schneeflocken haben sollen. Und sie behaupten zudem, dass es diese herrlichen Klöße nur in der Pfalz gäbe, wo die dafür geeigneten Kartoffelsorten wachsen.
Schneebällchen perfekt herzustellen ist nicht ganz einfach und erfordert eine gewisse Erfahrung. Sie dürfen nicht zu locker sein, sodass sie schon im Kochtopf zerfallen, sie dürfen aber auch nicht zu fest sein. Verwendet man die richtige Kartoffelsorte, dann ist die wichtigste Voraussetzung für ein gutes Gelingen der Schneebällchen gegeben.

Zucchini-Relish

Zutaten für etwa
7 Marmeladegläser

12 Tassen Zucchini, geraspelt
4 Tassen Gemüsezwiebeln, fein gewürfelt
5 EL Salz
2 Tassen Weinessig
4 Tassen Zucker
1 TL Senfmehl
1 TL Kurkuma
½ TL gemahlene Muskatnuss
½ TL gemahlener Pfeffer
1½ TL Selleriesalz
2 EL Stärkemehl
1 rote Paprikaschote
1 grüne Paprikaschote
2 Chilischoten

Zucchini und Zwiebeln mit Salz bestreuen und über Nacht ziehen lassen. Flüssigkeit abgießen, kurz mit Wasser überspülen, abtropfen lassen.

Die Zucchini und Zwiebeln zusammen mit Essig, Zucker und den Gewürzen 30 Minuten köcheln lassen. Dann mit dem angerührten Stärkemehl binden. Die Paprika- und Chilischoten fein würfeln und unter die Zucchini-Zwiebel-Mischung geben.

Das Relish abgekühlt in Gläser füllen und 20 Minuten bei 80 °C einkochen.

Das Zucchini-Relish schmeckt ausgezeichnet zu Gegrilltem, aber auch zu einem Butterbrot.

Die Zucchini oder auch Zucchetti kamen aus Italien zu uns und finden vor allem im milden Klima der Vorderpfalz ideale Wachstumsbedingungen vor. Die kleine Kürbisart ist sehr gesund, denn sie enthält hohe Mengen an Natron und Kieselsäure.
Im späten Frühjahr bilden die Zucchini formschöne Blätter und leuchtend gelbe Blüten aus. Im Juli beginnen dann die kleinen länglichen Früchte in oft ungeplanten Mengen zu reifen. Jetzt ist die Fantasie gefragt, um den Erntesegen möglichst rasch und abwechslungsreich zu verarbeiten. Eine ausgezeichnete Möglichkeit, Zucchini für längere Zeit zu konservieren, bietet dieses Relish.

Pfälzer Weinbrandquitten

2 kg Quitten
500 g Honig
500 g Zucker
4 EL Weinessig
700 ml Wasser
4 Sternanis
½ unbehandelte Zitrone
⅛ l Weinbrand

Die Quitten schälen, halbieren, entkernen und in Spalten schneiden.

Eine Zuckerlösung aus Honig, Zucker, Essig und Wasser bereiten. Zusammen mit dem Sternanis und der in dünne Scheiben geschnittenen Zitrone kurz aufkochen. Darauf achten, dass sich der Zucker gelöst hat. Die Quittenspalten zugeben und zum Kochen bringen. Bei schwacher Hitze 20–30 Minuten ziehen lassen, mit einem Schaumlöffel herausnehmen und in vorbereitete Gläser füllen.

Nun die Flüssigkeit auf etwa ½ Liter einkochen und den Weinbrand dazurühren. Alles heiß über die Quitten gießen. Gläser verschließen. Kühl und dunkel aufbewahren.

Die Weinbrandquitten schmecken ausgezeichnet als Beilage zu Suppenfleisch, Braten und Wild.

So schön und verlockend die goldgelben Früchte auch aussehen – frisch vom Baum geerntet sind sie nicht genießbar. Man muss sie verarbeiten, zu Marmelade beispielsweise. Apropos Marmelade. Irgendwann kam die Quitte aus Portugal zu uns. Und im Portugiesischen heißt die Frucht bezeichnenderweise »marmelo«.
Aber nicht nur Marmelade, sondern auch Likör, Quittenbrot, Quittenmus und anderes kann man aus den oft verkannten Früchten zaubern. Oder aber diese Weinbrandquitten, natürlich eingelegt in Weinbrand aus der Pfalz. Sie sind eine großartige Beilage zu Fleisch- und Wildgerichten, zudem lange haltbar.

Erdbeeren in Mandelcreme

300 g frische Erdbeeren
2 EL Amaretto

Für die Creme:
¼ l Milch
Mark und Schote 1 Vanillestange
4 Eigelb
80 g Zucker
4 Blatt Gelatine
200 g süße Sahne
4 EL Amaretto

Die Erdbeeren waschen, abtropfen lassen, halbieren und mit Amaretto marinieren. Zugedeckt kühl stellen.

Für die Creme die Milch mit dem Vanillemark und der Vanilleschote zum Kochen bringen. Schote herausnehmen. Eigelb mit Zucker schaumig rühren, die heiße Milch unter ständigem Rühren langsam zugeben. Die Gelatine einweichen, in der warmen Eiermilch auflösen. Die Creme abkühlen lassen.

Die Sahne steif schlagen und zusammen mit dem Amaretto unter die gelierende Creme heben.

Mandelcreme abwechselnd mit den Erdbeeren (einige Erdbeeren zum Garnieren zurückbehalten) in 4 Portionsgläser schichten. Kühl stellen.

Mit Erdbeeren und Schokogebäck garniert servieren.

Dass Erdbeeren in der Beliebtheitsskala nur an zweiter Stelle hinter den Äpfeln stehen, hat einen einfachen Grund: Erdbeeren sind praktisch nicht lagerfähig, sie sollten innerhalb von zwei Tagen nach der Ernte verzehrt werden. Die süßen Früchtchen werden zwar heute das ganze Jahr über angeboten, die Erdbeerliebhaber aber bevorzugen doch die Saison im Frühjahr, wenn die Beeren auf den heimischen Feldern reifen und oft direkt dort angeboten werden. Frischer und aromatischer geht es nicht.
Achten Sie übrigens beim Einkauf auf möglichst unbeschädigte Früchte und vollreife Beeren. Unreifen Beeren fehlt das typische Aroma und im Gegensatz zu einer weit verbreiteten Meinung reifen Erdbeeren nicht nach.

Pfälzer Kerscheplotzer

6–8 altbackene Semmeln
¼ l lauwarme Milch
100 g Butter
80 g Zucker
4 Eier
1 TL Zimt
2 cl Kirschwasser
750 g Süß- oder Sauerkirschen
100 g gehackte Walnüsse
etwas Fett für die Form
1–2 EL Semmelbrösel
40 g Butterflöckchen

Semmeln in feine Scheiben schneiden, mit lauwarmer Milch übergießen und 30 Minuten ziehen lassen. Butter mit Zucker und Eigelb schaumig rühren, nach und nach die Semmelmasse untermischen, mit Zimt würzen und mit dem Kirschwasser verfeinern.

Die entsteinten Kirschen mit der Semmelmasse vermischen. Die Walnüsse dazugeben. Eiweiß steif schlagen und vorsichtig unterziehen.

Die Masse in eine gefettete und mit Semmelbröseln ausgestreute Spring- oder Auflaufform füllen, glatt streichen und mit Butterflöckchen belegen. Etwa 45 Minuten bei 200 °C im vorgeheizten Backofen backen.

Warm oder kalt als Nachspeise oder zum Kaffee reichen.

Diese Mehlspeise aus altbackenen Semmeln und süßen Kirschen kennt man unter dem Ausdruck »Kirschenmichel« in ähnlicher Form auch in anderen Regionen. Ganz prächtig gedeihen süße Kirschen im milden Klima der Südlichen Weinstraße. »Kerscheplotzer« und ähnliche Mehlspeisen liebte übrigens schon Liselotte von der Pfalz, die aus politischem Kalkül mit Herzog Philipp von Orléans, dem Bruder des französischen »Sonnenkönigs« Ludwig XIV., verheiratet wurde. Am Hof in Versailles sehnte sie sich oft nach den kulinarischen Spezialitäten ihrer Heimat.

Kastanienparfait

4 Eigelb
80 g Zucker
1 TL Vanillezucker
80 ml Milch
150 g Kastanienpüree
250 g Sahne
4 cl Rum

Eigelb mit Zucker und Vanillezucker schaumig rühren. Milch hinzufügen und über Wasserdampf rühren, bis die Masse eine cremige Konsistenz hat. Das Kastanienpüree unterziehen. Im Eiswasserbad abkühlen lassen.

Sahne steif schlagen und kühl stellen.

Die Kastanienmasse und die Sahne sollten die gleiche Temperatur haben. Dann die Sahne und den Rum vorsichtig unter die Kastanienmasse heben. Etwa 4 Stunden im Gefrierfach kühlen.

Das Parfait vorsichtig auf eine Platte stürzen und in 1 cm dicke Scheiben schneiden. Mit Früchten und Schokoladensauce garnieren.

Die Südpfalz ist die einzige Region in Deutschland, in der klimatisch bedingt Esskastanien wachsen und reifen. Im Herbst können die »Käschtesammler« in den Kastanienhainen säckeweise die begehrten Maronen einsammeln. Deshalb gibt es hier auch eine Reihe ganz eigenständiger Rezepte mit Kastanien, wie man sie sonst in Deutschland nicht findet. Außerordentlich beliebt sind die nussartig schmeckenden »Käschte« als Beigabe zum Wein. Daneben gibt es fantasievolle Zubereitungen von herzhaft bis süß, zum Beispiel »Käschte-Pilz-Gemies«, also Kastanien-Pilz-Gemüse, die »Käschtesupp«, oder die im November obligatorische »Martinsgans mit Käschte«.

Mirabellengrütze im Krokantkörbchen

Zutaten für 6 Personen

Für die Krokantkörbchen:
50 g Butter
100 g Haferflocken
50 g brauner Zucker
125 g Sahne

Für die Grütze:
500 g Mirabellen
100 ml Mirabellensaft
30 g Perlsago

Zum Verzieren:
Schlagsahne

Butter in einer Pfanne erhitzen, mit den Haferflocken vermischen, kurz rösten. Zucker zugeben und so lange rühren, bis der Zucker karamelisiert ist. Nach und nach die Sahne unterrühren, kochen lassen, bis die Masse fest wird.

6 Briocheförmchen (kleine runde Backförmchen) mit Alufolie (blanke Seite nach innen) auslegen, Haferflockenteig einfüllen. Die Masse mit einem Löffel an den Wänden zu einem Körbchen hochdrücken. Auf der mittleren Schiene des Backofens bei 200 °C etwa 15 Minuten backen.

Das Gebäck auskühlen lassen, erst kurz vor dem Füllen aus der Form nehmen.

Für die Grütze die Mirabellen waschen, entsteinen und mit dem Mirabellensaft zum Kochen bringen. Das Perlsago einrühren, nochmals zum Kochen bringen. Etwa 10 Minuten ausquellen lassen, dann kalt stellen.

Die Mirabellengrütze erst vor dem Servieren in die Krokantkörbchen füllen und mit Schlagsahne verzieren.

Im Sommer leuchten die kleinen, kugelrunden Edelpflaumen goldgelb und verlockend von den Pfälzer Mirabellenbäumen. Die meisten dieser Früchte wandern in die Kessel der Pfälzer Edelbrenner, und heraus kommt mit dem Mirabellengeist einer der feinsten Brände, die das Land zu bieten hat.

Winzers Weingelee mit zwei Saucen

Für das Gelee:
2 dl dunkelfarbiger Rotwein (Portugieser)
3 dl hochfarbiger Weißwein (Auslese oder Beerenauslese)
100 g Zucker
8 Blatt Gelatine
100 g Crème fraîche
3 Eigelb

Für die Holundersauce:
150 g Holunderbeeren
50 ml Läuterzucker

Für den Trestersabayon:
1 Eigelb
1 Schuss Pfälzer Tresterbrand
50 ml Läuterzucker
50 ml Weißwein

Weißweingelee und Rotweingelee:
Je 2 dl Wein getrennt in einer Kasserolle mit je einem Drittel des Zuckers unter gelegentlichem Umrühren auf etwa 60 °C erhitzen, bis sich der Zucker aufgelöst hat. Je 3 eingeweichte und ausgedrückte Gelatineblätter darin auflösen, vom Herd nehmen.

Legiertes Gelee:
Restlichen Weißwein und restlichen Zucker mit der Crème fraîche in einer Kasserolle auf Siedehitze bringen. 2 eingeweichte und ausgedrückte Gelatineblätter einrühren. Die 3 Eigelbe unterziehen und alles durch ein Sieb streichen.

In eine mit Klarsichtfolie ausgelegte Terrinenform zuerst das Weißweingelee gießen und kalt stellen, bis das Gelee erstarrt ist. Dann das Rotweingelee einfüllen und zuletzt das legierte Gelee. 12 Stunden im Kühlschrank durchkühlen lassen.

Inzwischen den Läuterzucker wie folgt herstellen: 100 ml Wasser und 100 g Zucker verrühren, aufkochen und auskühlen lassen.

Für die Holundersauce die Holunderbeeren mit 50 ml Läuterzucker mixen und durch ein Sieb streichen.

Für den Trestersabayon die Zutaten in einer Schüssel im etwa 70 °C heißen Wasserbad bis zur Bindung schlagen.

Das Gelee vorsichtig auf eine Platte stürzen und in nicht zu dünne Scheiben schneiden. Auf kalten Tellern anrichten und mit den Saucen umgießen.

Mohnpudding mit Sauerkirschenkompott

Zutaten für 6 Personen

Für den Mohnpudding:
80 g Mohn
50 g Semmelbrösel
½ TL Zimt
1 Prise Salz
abgeriebene Schale ½ Zitrone
75 g Butter
4 Eigelb
40 g Zucker
4 Eiweiß
1 Päckchen Vanillezucker

Zum Auspinseln und Ausstreuen:
25 g Butter
20 g Zucker

Für das Kirschenkompott:
750 g Sauerkirschen (aus dem Glas)
abgeriebene Schale ½ Zitrone
30 g Speisestärke
80 g Zucker
etwas Zitronensaft
3 EL Kirschwasser

Mohn mit Semmelbröseln, Zimt, etwas Salz und Zitronenschale mischen. Butter mit Eigelb und Zucker schaumig rühren. Eiweiß mit Vanillezucker steif schlagen.

Zuerst die Hälfte des Eischnees, dann das ganze Mohngemisch unter den Eigelbschaum heben. Zum Schluss vorsichtig den restlichen Eischnee unterziehen.

6 Tassen oder Timbaleförmchen mit Butter auspinseln und mit Zucker ausstreuen.

Die Saftpfanne des Backofens zur Hälfte mit Wasser füllen. Den Backofen auf 175 °C vorheizen. Die Mohnmasse in die vorbereiteten Förmchen füllen und in das heiße Wasserbad setzen. Mit Alufolie abdecken und 35 Minuten garen lassen.

Inzwischen für das Kompott die Kirschen abtropfen lassen, ½ Liter Saft abnehmen und in einem Topf zusammen mit der abgeriebenen Zitronenschale zum Kochen bringen. Die Speisestärke mit Zucker, Zitronensaft sowie Kirschwasser vermischen und in den Saft einrühren. Die Kirschen zugeben und 1–2 Minuten kochen lassen. Das Kompott in eine Glasschale füllen und erkalten lassen.

Den noch warmen Pudding auf Dessertteller stürzen und mit dem Kirschenkompott servieren.

Gratinierte Nuss-Nougat-Crêpes

Zutaten für 5 Personen

Für den Teig:
100 g Mehl
¼ l Milch
1 Prise feines Salz
1 EL Zucker
3 Eier
1 Eigelb
25 g Butter
Fett zum Ausbacken

Für die Füllung:
200 g Nuss-Nougat

Sauce zum Überbacken:
3 Eigelb
1 Ei
20 g Zucker
4 cl Nusslikör
⅛ l Weißwein

Für den Teig alle Zutaten außer der Butter zu einem glatten Teig verrühren. Die Butter schmelzen und dazurühren. Den Teig etwa 1 Stunde ruhen lassen, dann die Crêpes nacheinander ausbacken.

Für die Füllung Nuss-Nougat erwärmen und auf die Crêpes streichen. Die Crêpes zusammenrollen, etwas ankühlen, damit sie sich besser schneiden lassen.

Die Saucen-Zutaten verrühren und über Wasserdampf zu einer dickflüssigen Creme aufschlagen.

Die gefüllten Crêpes in Rauten schneiden, auf Tellern anrichten, mit der Sauce überziehen und im Backofen 3 Minuten bei 220 °C Oberhitze überbacken.

Mit frischen Früchten garniert servieren.

Pfannkuchen gehören zu den ältesten Süßspeisen. Die Franzosen nennen die hauchdünn ausgebackenen Pfannkuchen »Crêpes«. Man könnte meinen, dass unsere westlichen Nachbarn sich besonders gut auf die Zubereitung dieser Eierkuchen verstehen. Von Liselotte von der Pfalz werden wir aber eines anderen belehrt. Am 3. Mai 1721 schrieb sie: »Ich bin in allem, auch im essen und trinken, noch ganz teutsch, wie ich all mein leben gewesen. Man kann hier keine guten pfannenkuchen machen, milch und butter seind nicht so gut als bei uns, haben keinen süßen geschmack, seind wie wasser.« Und sie fügt sehnsuchtsvoll an: »wie gern wollte ich den pfannenkuchen von euer kammermädchen essen!«

1999er
Gimmeldinger Mandelgarten
Gewürztraminer
Spätlese
0,75 l

Kürbiskuchen mit Mandeln

250 g weiche Butter
150 g Zucker
4 Eier
1 TL Zimt
1 Prise Salz
½ Päckchen Backpulver
300 g Dinkelmehl
100 g fein gemahlene Mandeln
350 g Kürbisfleisch
Fett für die Form

Butter, Zucker und Eier schaumig rühren. Zimt und Salz zugeben. Backpulver mit dem Dinkelmehl vermischen und zusammen mit den fein gemahlenen Mandeln unter die Schaummasse heben.

Kürbisfleisch fein raspeln und vorsichtig unter den Rührteig mischen.

Teig in eine ausgefettete Kastenkuchenform füllen. Im vorgeheizten Backofen bei 180 °C etwa 50–60 Minuten backen.

Kürbisse wachsen fast überall in der Bundesrepublik, Mandeln aber reifen nur in der Vorderpfalz, der »Toskana Deutschlands«. Sicher, die Sonne scheint auch anderswo. Jedoch kaum ein Landstrich wird so von der Sonne verwöhnt wie die Pfalz entlang der Deutschen Weinstraße. Geschützt von den Höhen des Pfälzer Waldes und begrenzt vom Rhein im Osten ist dies der »Paradiesgarten« Deutschlands.
Bereits im März blühen die Mandelbäume in der Pfalz. Wenn sich noch kaum ein Grün aus den Knospen traut, verzaubern schon unzählige Mandelbäume die Landschaft mit ihren zartrosafarbenen und nach Frühlingsblumen duftenden Blüten. Und dann eröffnet das »Mandelblütenfest« in Gimmeldingen die Weinfestsaison in der Pfalz.

Apfeltorte

1 kg Äpfel
Saft und Schale 1 unbehandelten Zitrone
5 Eier
125 g Butter
250 g Zucker
500 g Quark (20 %)
100 g Grieß
Fett für die Form

Die Äpfel schälen, entkernen und in feine Spalten schneiden. Den Zitronensaft darüber träufeln.

Die Eier trennen. Butter, Zucker und Eigelb cremig schlagen. Quark, abgeriebene Zitronenschale und Grieß unterrühren. Die Apfelspalten mit dem Teig vermischen. Eiweiß zu steifem Schnee schlagen und vorsichtig unter die Apfel-Quark-Masse heben.

Den Teig in eine gefettete Kuchenform füllen und im vorgeheizten Backofen bei 175 °C etwa 1½ Stunden backen.

Mit geschlagener Sahne servieren.

Diese Pfälzer Apfeltorte ist eher ein leichter Obstkuchen, der jedoch mit seinen in Quark eingebetteten Apfelspalten verführerisch gut schmeckt.
Verführerisch war auch der Apfel, den die Schlange seinerzeit Adam und Eva überreichte. In Neustadt an der Weinstraße wird diese Geschichte an einem Brunnen am Kartoffelmarkt dargestellt. Für die Neustädter ist es selbstverständlich, dass es im Paradies schon Wein gegeben haben muss. Sie haben daher dem Adam ein Rebenblatt angehängt, aber auch den Apfel nicht vergessen. Schließlich wachsen in der Pfalz ja auch große Mengen dieser in Deutschland mit Abstand beliebtesten Frucht.

Heidelbeersahnetorte

Für den Mürbteig:
50 g Puderzucker
1 Prise Salz
1 Päckchen Vanillezucker
1 kleines Ei
100 g Butter
150 g Mehl

Für den Biskuitboden:
7 Eier
200 g Zucker
125 g Mehl
100 g Weizenstärke
30 g Butterschmalz

Für die Füllung und den Überzug:
6 Blatt Gelatine
800 g Sahne
100 g Zucker
500 g frische Heidelbeeren, zerdrückt (einige ganze Beeren für die Garnitur zurückbehalten)
2 EL Rum
etwas Heidelbeerkonfitüre

Für den Mürbteig den Zucker, das Salz, den Vanillezucker und das Ei mit der Butter verkneten. Das Mehl darüber sieben und alles möglichst schnell zu einem glatten Teig verarbeiten. Nicht zu lange kneten, da der Teig sonst leicht bröckelig wird. Teig 1-2 Stunden im Kühlschrank ruhen lassen. Mürbteig dünn ausrollen, auf ein rundes Blech (gleiche Größe wie beim Biskuitboden) legen und im auf 175 °C vorgeheizten Backofen in etwa 8–10 Minuten backen.

Für den Biskuitboden die Eier mit dem Zucker im Wasserbad 10 Minuten warm, dann 10 Minuten kalt aufschlagen. Danach das Mehl und die Weizenstärke unterziehen. Zum Schluss das flüssige Butterschmalz unterheben. Die Masse in eine mit Backpapier ausgelegte Springform füllen und im vorgeheizten Backofen bei 175 °C etwa 30–40 Minuten backen. Den ausgekühlten Boden quer in zwei Hälften schneiden.

Für die Füllung die Gelatine in etwas kaltem Wasser 10 Minuten quellen lassen. Im Wasserbad oder auf dem Herd bei schwächster Hitze auflösen. Sahne steif schlagen, Zucker einrühren. Etwa ein Viertel der Sahne für die Garnitur zur Seite stellen. Die Gelatine in die zerdrückten Heidelbeeren einrühren und mit dem Rum unter die geschlagene Sahne heben.

Den abgekühlten Mürbteigboden in einen Tortenring einpassen und mit Heidelbeerkonfitüre bestreichen. Einen der beiden Biskuitböden auflegen und mit der Heidelbeersahne füllen. Mit dem zweiten Biskuitboden abdecken. Die Torte mit der zurückbehaltenen Sahne rundum bestreichen und Rosetten aufspritzen. Mit den restlichen Heidelbeeren garnieren.

Pfirsichstrudel

Zutaten für 10 Portionen

Für den Teig:
150 g Magerquark (trocken)
6 EL Öl
1 Ei
2 EL Milch
50 g Zucker
1 Prise Salz
abgeriebene Schale ½ Zitrone
300 g Weizenmehl
1 Päckchen Backpulver

Für die Füllung:
750 g frische Pfirsiche
(ersatzweise Dosenpfirsiche)
350 g Magerquark
50 g Zucker
1 Eigelb
Saft ½ Zitrone
50 g Mandelstifte
50 g Rosinen

Zum Bestreichen:
30 g zerlassene Butter

Zum Bestäuben:
Puderzucker

Für den Teig Quark, Öl, Ei, Milch, Zucker, Salz und Zitronenschale gut verrühren. Das Mehl mit dem Backpulver unterkneten, bis der Teig eine glatte Beschaffenheit hat.

Für die Füllung die frischen Pfirsiche kurz in kochendes Wasser tauchen, dann sofort die Haut abziehen. Die Früchte halbieren, den Kern entfernen und das Fruchtfleisch klein schneiden. Quark, Zucker, Eigelb und Zitronensaft verrühren. Mandelstifte und Rosinen vermischen.

Den Teig auf einem bemehlten Küchentuch dünn ausrollen und mit der zerlassenen Butter bestreichen. Die Quarkmasse gleichmäßig auf dem Teig verteilen, mit der Mandel-Rosinen-Mischung bestreuen und die Pfirsichstücke darüber geben. Den Strudel mit Hilfe des Küchentuchs vorsichtig aufrollen und auf ein gefettetes Backblech legen. Im vorgeheizten Backofen bei 200 °C etwa 30 Minuten backen.

Vor dem Servieren mit Puderzucker bestäuben.

Quittenkuchen mit Mandelbaiser

Für den Teig:
250 g Mehl
1 Ei
75 g Zucker
1 Päckchen Vanillezucker
1 Prise Salz
150 g Butter oder Margarine
1 Eiweiß zum Bestreichen

Für den Belag:
1 kg Quitten
⅛ l Wasser
4 EL Honig
Schale 1 unbehandelten Zitrone
4 Nelken
2 cl Cognac oder Weinbrand

Für die Baisermasse:
3 Eiweiß
100 g Zucker
100 g Mandelblättchen

Für den Teig Mehl auf eine Arbeitsfläche geben. In die Mitte eine Vertiefung drücken. Ei zugeben, Zucker, Vanillezucker und Salz darüber streuen. Gut gekühlte Butter in Flocken auf dem Mehlrand verteilen. Mit einem großen Messer von außen nach innen hacken. Dann mit kühlen Händen schnell einen geschmeidigen Teig kneten. Zugedeckt 30 Minuten im Kühlschrank ruhen lassen.

Für den Belag Quitten schälen und vierteln, dabei Stängel- und Blütenansätze sowie das Kerngehäuse entfernen. Quitten abspülen und trockentupfen. Fruchtfleisch in dünne Scheiben schneiden. Wasser und Honig in einem Topf unter Rühren erwärmen, bis sich der Honig aufgelöst hat. Quittenscheiben, Zitronenschale und Nelken zufügen. 20 Minuten zugedeckt leicht kochen lassen. Quitten auf einem Sieb abtropfen lassen, Nelken und Zitronenschale herausnehmen. Quitten mit Cognac beträufeln und 45 Minuten kalt gestellt ziehen lassen.

Teig auf einer bemehlten Arbeitsfläche etwa 1 cm dick ausrollen. Eine ausgefettete Springform (20 cm Durchmesser) mit dem Teig auslegen. Einen Rand formen, Boden mit einer Gabel mehrmals einstechen. In den vorgeheizten Ofen auf die mittlere Schiene stellen und bei 200 °C etwa 20 Minuten backen. Form aus dem Ofen nehmen. Kuchen mit Eiweiß bestreichen. Kurz trocknen lassen und den noch warmen Boden mit den Quitten belegen.

Für die Baisermasse Eiweiß in einer Schüssel zu steifem Schnee schlagen. Dabei langsam den Zucker einrieseln lassen. Zwei Drittel der Mandeln unter den Eischnee heben. Baisermasse auf den Kuchen streichen, mit den restlichen Mandeln bestreuen und in den vorgeheizten Ofen auf die obere Schiene stellen. Bei 160 °C etwa 40 Minuten backen. Kuchen aus der Form lösen und erkalten lassen.

Kleckselkuchen

Für den Hefeteig:
500 g Mehl
35 g Hefe
80 g Zucker
etwa ¼ l lauwarme Milch
80 g Margarine
1 Ei
1 Prise Salz

Für den Mohnbelag:
½ l Milch
1 Prise Salz
abgeriebene Schale ½ Zitrone
100 g Grieß
300 g gemahlener Mohn
50 g Zucker
2 EL Honig
100 g Rosinen
½ TL Zimt
2 cl Rum

Für den Quarkbelag:
250 g Magerquark
2 Eigelb
20 g Zucker
1 Päckchen Vanillezucker
250 g Pflaumenmus
1 EL Rum

Für die Streusel:
200 g Mehl
100 g Zucker, 100 g Butter

40 g Mandelstifte zum Bestreuen

Für den Teig das Mehl in eine Schüssel geben, eine Vertiefung eindrücken. Die Hefe mit 1 Teelöffel Zucker und 4 Esslöffel Milch verrühren und in die Mulde geben. Mit etwas Mehl bestäuben. Zugedeckt an warmer Stelle kurz gehen lassen. Dann die restlichen Teigzutaten zugeben und alles zusammen zu einem geschmeidigen Teig kneten. Zugedeckt nochmals 15 Minuten gehen lassen. Den Hefeteig auswellen und ein großes rechteckiges, gefettetes Backblech damit auslegen.

Für den Mohnbelag die Milch mit Salz und Zitronenschale zum Kochen bringen. Grieß einrieseln lassen und bei schwacher Hitze unter Rühren 5 Minuten ausquellen lassen. Topf vom Herd nehmen. Mohn, Zucker und Honig in den Brei einrühren. Rosinen, Zimt und Rum unterheben.

Für den Quarkbelag Quark, Eigelb, Zucker und Vanillezucker verrühren. Das Pflaumenmus mit dem Rum vermischen.

Für die Streusel Mehl und Zucker vermischen. Die Butter schmelzen und mit einer Gabel unter die Mehl-Zucker-Mischung rühren.

Den Mohnbelag auf den Hefeteig geben, gleichmäßig verstreichen. Quarkmasse und Pflaumenmus abwechselnd in kleinen Klecksen darauf geben. Streusel darüber verteilen. Zum Schluss mit den Mandelstiften bestreuen.

Den Kuchen in den kalten Backofen schieben und bei 200 °C etwa 40 Minuten backen.

Der Kleckselkuchen lässt sich gut einfrieren.

Pfälzer Feigensahne-Torte

1 dunkler Biskuitboden
(etwa 1 cm hoch)

Für die Mousse au Chocolat:
1 Ei
10 g Zucker
20 ml Milch
60 g Zartbitterschokolade
100 g Sahne

Für den Feigensirup:
200 ml Feigenlikör (40 %)
100 g Zucker
Mark ½ Vanilleschote
6–8 geschälte frische Feigen

Für die Feigensahne:
3 Eigelb
35 g Zucker
3 Blatt Gelatine
2 cl Feigenschnaps
350 g Sahne

Für die Mousse au Chocolat Ei, Zucker und Milch verrühren, im Wasserbad leicht anwärmen und bis zum Erkalten aufschlagen. Die Schokolade ebenfalls im Wasserbad bei etwa 40 °C (Hauttemperatur) schmelzen. Die Sahne steif schlagen und ein wenig davon in die Schokolade mischen. Eiermilch dazugeben und eine glatte Masse herstellen. Die restliche Sahne unterheben.

Für den Feigensirup den Likör mit Zucker und Vanillemark kurz aufkochen und die Feigen damit heiß übergießen. Die Feigen einige Stunden darin ziehen lassen.

Für die Feigensahne Eigelb und Zucker im Wasserbad aufschlagen bis sich der Zucker gelöst hat. Die in etwas kaltem Wasser eingeweichte Gelatine gut ausdrücken, auflösen und unterrühren. Den Feigenschnaps zugeben. Zum Schluss die steif geschlagene Sahne unterheben.

Den Biskuitboden in eine hohe Tortenform legen. Darauf die Mousse au Chocolat streichen. Auf der Mousse die marinierten und in Scheiben geschnittenen Feigen verteilen. Der abgegossene Feigensirup kann anderweitig verwendet werden. Zum Schluss die Feigensahne auf die Torte geben. Nach Belieben garnieren. Torte kühl stellen.

Die Feige ist eigentlich im Mittelmeerraum beheimatet. Doch auch in der sonnigen und warmen Vorderpfalz fühlt sie sich ausgesprochen wohl. Man schätzt, dass es inzwischen etwa 50 000 Feigenbäume in dieser Region gibt.
Die Feige hat sich in der Pfalz zu einer regelrechten Modefrucht gemausert. Zahlreiche renommierte Köche und Konditoren lassen sich immer neue Kreationen mit den im Juli und August reifenden Früchten einfallen.

Traubenkuchen

Für den Mürbteig:
200 g Mehl
1 Ei
1 Prise Salz
150 g Zucker
150 g Butter oder Margarine
Fett für die Form

Für den Belag:
50 g Zwiebackmehl
1 kg kernlose weiße Trauben

Für den Guss:
250 g süße Sahne
3 Eigelb
2 EL Zucker

Aus den Teigzutaten einen Mürbteig kneten, 30 Minuten kühl stellen.

Den Mürbteig auf einer bemehlten Fläche ausrollen und in eine gefettete Springform legen. Den Rand etwa 3 cm hochziehen.

Das Zwiebackmehl auf den Teig streuen. Die Trauben darauf verteilen. Den Kuchen bei 180 °C im Backofen etwa 30 Minuten backen.

Danach Sahne, Eigelb und Zucker verquirlen, über den Kuchen gießen und weitere 15 Minuten backen.

Es gibt kaum eine Frucht, um die sich so viele Sagen, Gedichte und Geschichten ranken, wie um die Weintraube, vor allem um ihren vergorenen Saft. Es muss aber nicht immer Wein sein. Selbstverständlich kann man die Früchte des Rebstocks auch essen, am besten gleich an Ort und Stelle. Dabei ist es interessant, auszuprobieren, wie die Beeren von Silvaner, Morio-Muskat oder Portugieser schmecken, bevor sie zu Wein werden. Auch Liselotte von der Pfalz schätzte Trauben direkt vom Rebstock. »Ich erinnere mich, dass ich von den Schrießheimer Trauben in dem Weingarten so erschrecklich gefressen, dass mir der Bauch so dick geworden, dass ich nicht mehr gehen konnte; hat mir aber nichts geschadt, sondern nur bessere Lust zum Mittagessen gemacht.«

Dornfelder Rotwein-Gugelhupf

125 g Butter
150 g Zucker
5 Eier
150 g Mehl
¼ TL Backpulver
125 g gemahlene geröstete Haselnüsse
50 g gehackte Kuvertüre
80 ml Dornfelder Rotwein aus der Pfalz

Butter und Zucker schaumig rühren und dabei nach und nach die Eier zugeben. Mehl mit dem Backpulver vermischen und mit den Nüssen und der gehackten Kuvertüre vorsichtig unter die Schaummasse heben. Zum Schluss den Rotwein einrühren.

Den Teig in eine gut gefettete und dünn mit Mehl ausgestreute Kranzform einfüllen und im vorgeheizten Ofen bei etwa 170 °C in 45–55 Minuten backen.

Wundern Sie sich nicht, wenn in der Pfalz selbst zum Kuchenbacken noch Wein verwendet wird. Der tiefrote Dornfelder gibt diesem Gugelhupf nicht nur Farbe und Geschmack, er verhindert auch, dass der Kuchen zu trocken schmeckt.

Wer nach einer langen Wanderung durch den Pfälzer Wald Verlangen nach einem Schoppen guten Pfälzer Weins hat, kann diesen Gugelhupf statt mit Kaffee auch mit dem Saft der edlen Reben genießen, so wie es schon die Großmutter im Märchen tat:

Wo hinaus so früh, Rotkäppchen?
Zur Grossmutter.
Was trägst du unter der Schürze?
Kuchen und Wein. Gestern haben wir gebacken,
da soll sich die kranke und schwache Grossmutter
etwas zugut tun und sich damit stärken.

Cappuccino-Kirschtorte

Für den Rührteig:
125 g Butter
100 g Zucker
1 Päckchen Vanillezucker
1 Prise Salz
2 Eier
½ Päckchen Backpulver
200 g Mehl
50 g Speisestärke
20 g Kakao
4 EL Milch
Fett und Paniermehl für die Form

Zum Tränken:
3 EL Mandellikör

Für das Kompott:
500 g Süßkirschen
¼ l Kirschsaft
2 EL Zucker
½ Zimtstange
abgeriebene Schale 1 Zitrone
20 g Speisestärke

Für die Quarkcreme:
4 Blatt Gelatine
200 g Sahne
5 EL löslicher Kaffee
500 g Quark
60 g Zucker
2 Päckchen Vanillezucker

Zum Bestäuben:
Kakao

Für den Rührteig Butter, Zucker, Vanillezucker und Salz schaumig rühren. Nacheinander die Eier zugeben. Backpulver mit Mehl, Speisestärke und Kakao vermischen. Zusammen mit der Milch unter die Schaummasse rühren. Eine Springform (26 cm Durchmesser) ausfetten und mit Paniermehl bestreuen. Den Rührteig einfüllen und im vorgeheizten Backofen bei 200 °C in 20–25 Minuten backen.

Boden auskühlen lassen, mit einem Tortenring umlegen und mit dem Mandellikör beträufeln.

Für das Kompott die Kirschen entsteinen. Kirschsaft mit Zucker, Zimtstange und Zitronenschale erhitzen. Mit Speisestärke binden und aufkochen lassen. Die Zimtstange entfernen, die Kirschen unterheben und die Masse auf dem Tortenboden verteilen.

Für die Quarkcreme die Gelatine in etwas kaltem Wasser einweichen. Sahne steif schlagen, den Kaffee zufügen. Quark mit Zucker und Vanillezucker glatt rühren, aufgelöste Gelatine unterziehen. Die Sahne unterheben. Die Quarkmasse auf das erkaltete Kompott streichen.

Vor dem Servieren die Torte dick mit Kakao bestäuben. Nach Belieben die Torte mit Sahnetupfer und jeweils einer Kirsche garnieren.

Zwetschgenkuchen

Für den Teig:
300 g Mehl
20 g Hefe
40 g Zucker
⅛ l Milch
50 g Butter
1 Ei
1 Prise Salz

Für den Belag:
1,5 kg Zwetschgen

Zum Bestreuen:
3 EL Zucker
1 TL Zimt

Für den Teig Mehl in eine Schüssel geben, eine Vertiefung eindrücken. Die Hefe und 1 Esslöffel Zucker in der Milch auflösen, mit etwas Mehl verrühren und in die Mulde geben. Zugedeckt an einem warmen Ort kurz gehen lassen. Die restlichen Zutaten zugeben und alles zu einem geschmeidigen Teig kneten. Zugedeckt nochmals 20 Minuten gehen lassen.

In der Zwischenzeit die Zwetschgen waschen, längs aufschneiden und entsteinen.

Den Teig auf einer bemehlten Fläche dünn ausrollen und auf ein gefettetes Backblech legen. Einen kleinen Rand hochziehen. Die Zwetschgen mit den Schnittflächen nach oben dachziegelförmig auf den Teig legen. Den Kuchen im vorgeheizten Backofen bei 200 °C etwa 30 Minuten backen. Noch heiß mit Zucker und Zimt bestreuen.

Mit Schlagsahne servieren.

Kaum ist die Erdbeersaison zu Ende, geht der Pfälzer nahtlos zu seinen geliebten Zwetschgen über und das hauptsächlich in der Form von Zwetschgenkuchen. Dass man in der Pfalz diesen Kuchen besonders gern zur »Grumbeeresupp'«, zur Kartoffelsuppe (Rezept Seite 38) isst, ist für Außenstehende gewöhnungsbedürftig, hier aber uralte Tradition.
Eine der größten Obstbaugemeinden Deutschlands ist Weisenheim am Sand, nördlich von Bad Dürkheim in der Vorderpfalz gelegen. Hier, auf den leicht erwärmbaren Sandböden, gedeihen in riesigen Obsthainen schon sehr früh die länglichen blauen Früchte, und die Pfälzer können wieder fröhlich ausrufen: »Ah, Quetschekuche!«

Walnussplätzchen

200 g bittere Schokolade
200 g Butter
6 Eigelb
200 g Zucker
6 Eiweiß
100 g Mehl
200 g gehackte Walnüsse
1 TL Nelkenpulver
1 TL Zimt
½ TL Kardamom

Zum Verzieren:
50 g Kuvertüre

Die Schokolade schmelzen, etwas abkühlen lassen. Die Butter schaumig rühren. Nacheinander Eigelb und Zucker zugeben und zusammen mit der Schokolade cremig rühren. Das Eiweiß steif schlagen und mit dem Mehl, den Walnüssen und Gewürzen unter die Schokoladenmasse heben.

Den Teig auf ein mit Backpapier ausgelegtes Backblech streichen und bei 175 °C etwa 25 Minuten backen. Noch warm in verschieden große Quadrate oder Rauten schneiden.

Die Kuvertüre schmelzen, in Pergamenttütchen füllen und die Walnussplätzchen mit dünnen Schokostrichen verzieren. Die Plätzchen können auch vollständig mit Kuvertüre überzogen und mit je einer halben Walnuss oder kandierten Früchten belegt werden.

In größere Stücke geschnitten, kann man dieses Gebäck als Schoko-Walnuss-Blitzkuchen bezeichnen und genießen.

Der Walnussbaum wurde wahrscheinlich von den Römern in den ersten nachchristlichen Jahrhunderten nach Mitteleuropa gebracht. Doch schon die alten Griechen schätzten diesen Baum und weihten ihn dem Göttervater Zeus. Noch früher, in den Zeiten des warmen Tertiärs, wuchs er sogar auf Grönland.
Er fühlt sich überall dort besonders wohl, wo auch Esskastanien und Reben gedeihen. Die Pfalz bietet also die idealen Bedingungen. Wenn Sie allerdings in einem Garten an der Südlichen Weinstraße einen Nussbaum sehen, der 10 bis 15 Nüsse an einem einzigen Stiel trägt, so ist dies kein Pfälzer Wunder, sondern die seltene Sorte der Büschelwalnuss.

Alphabetisches Register

Soweit in den Rezepten nichts anderes angegeben ist, sind die Zutaten für vier Personen berechnet.

Register nach Gruppen

Bildquellenverzeichnis

Waltraud Klammet 10, 11, 12, 14
Rainer Kiedrowski 33
Bernd Kottal 16 (o.), 19 (u.), 22
Landesmedienzentrum Rheinland-Pfalz
  Petra Camnitzer 9 (u.)
  Rainer Himmelspach 6, 8 (u.), 13, 18 (o.), 19 (o.), 23, 25, 30, 32
  Emil Maus 8 (o.), 20, 35
  H.P. Merten Fotodesign 9 (o.), 21 (o.)
  Pauly 26
  Gustav Rittstieg 7, 16 (u.), 17, 18 (u.)
Pfalzwein e.V. 28
© VG Bild-Kunst, Bonn 2001: Max Slevogt »An der Mauer – Im Garten von Neukastel« 7

Foodfotos: Studio Poggenpohl, Sigmarszell

Danksagung

Für Rezepte, Anregungen und fachliche Hinweise danken wir

Herrn Udo Mischler, Landhaus Mischler, Schönau
Herrn Hjalmar Hartenfels, Mainz
Herrn Helmut Halfmann, Kaiserslautern
Landfrauenverband e.V., Kaiserslautern
Herrn Thomas Engel, Landgasthof-Hotel »Zum Ochsen«, Hauenstein
Herrn Olaf Spilker und Herrn Stephan Ravens, Duisburg
AMC International, Redaktion »Leichte Küche«, Rotkreuz/Schweiz
Herrn Dr. Detlev Janik, Pfalzwein e.V., Neustadt an der Weinstraße
Herrn Martin Scharff, Wartenberger Mühle, Wartenberg-Rohrbach
Herrn Gunter Schmidt, Restaurant »Backmulde«, Speyer
Frau Petra Roth-Püngeler und Herrn Werner Püngeler, Gasthaus Schneider, Dernbach
Frau Susanne Ueberschaer und Herrn Utz Ueberschaer, Restaurant »Alte Pfarrey«, Neuleiningen
Herrn Reinhard Schlager, Windischeschenbach